ACESSIBILIDADE EM AMBIENTES INFORMACIONAIS DIGITAIS

JULIANE ADNE MESA CORRADI

ACESSIBILIDADE EM AMBIENTES INFORMACIONAIS DIGITAIS

UMA QUESTÃO DE DIFERENÇA

editora
unesp

© 2011 Editora UNESP

Direitos de publicação reservados à:
Fundação Editora da UNESP (FEU)

Praça da Sé, 108
01001-900 – São Paulo – SP
Tel.: (0xx11) 3242-7171
Fax: (0xx11) 3242-7172
www.editoraunesp.com.br
www.livraria.unesp.com.br
feu@editora.unesp.br

CIP – BRASIL. Catalogação na fonte
Sindicato Nacional dos Editores de Livros, RJ

C838a

Corradi, Juliane Adne Mesa
Acessibilidade em ambientes informacionais digitais: uma
questão de diferença / Juliane Adne Mesa Corradi. São Paulo:
Editora Unesp, 2011.

Inclui bibliografia
ISBN 978-85-393-0182-9

1. Ciência da informação. 2. Bilinguismo. 3. Surdos –
Meios de comunicação. 4. Língua dos sinais. 5. Inclusão
digital. 6. Integração social. 7. Tecnologia da informação.
8. Sociedade da informação. I. Título.

11-6710

CDD: 020
CDU: 007

Este livro é publicado pelo projeto *Edição de Textos de Docentes e Pós-Graduados da UNESP* – Pró-Reitoria de Pós-Graduação da UNESP (PROPG) / Fundação Editora da UNESP (FEU)

Editora afiliada:

Asociación de Editoriales Universitarias de América Latina y el Caribe

Associação Brasileira de Editoras Universitárias

A meus pais, Paulo Roberto e Elizabete Fátima, pelo exemplo e pelo amor.

A minhas irmãs, Ariane Agnes e Anna Paula, pelo afeto e companheirismo.

A meus avós, Maria do Céo (*in memoriam*) e Manoel Mesa (*in memoriam*), pelas lições de sabedoria, humildade e vida.

A meu tio Adilson Antonio Mesa, pela superação e prontidão.

Às famílias Mesa e Corradi, pela cooperação constante.

Aos surdos, que muito me ensinaram com suas "vozes".

AGRADECIMENTOS

A meus pais e a minhas irmãs pelo apoio, pela compreensão e pelo incentivo.

Às famílias Mesa e Corradi, pelo carinho, mesmo que a distância.

À família Gregório Vidotti, pelo apoio nas horas difíceis e pela hospitalidade e amizade.

À dra. Silvana Aparecida Borsetti Gregório Vidotti, pela orientação durante o mestrado acadêmico, pelo aprendizado e pela motivação.

À dra. Fernanda Maria Pereira Freire e à dra. Plácida Leopoldina Ventura Amorin da Costa Santos, pelas contribuições durante o processo de qualificação e de defesa de dissertação de mestrado em Ciência da Informação.

À dra. Mariângela Braga Norte, pela dedicação inicial e por acreditar nas possibilidades de meu ideal de pesquisa.

Ao Cepre – Unicamp, pela oportunidade de crescimento profissional e pessoal.

À amiga Zilda Maria Gesueli, pela torcida e amizade.

À Priscila e ao Eduardo Amorim, pela motivação e companheirismo "virtual".

Ao André Coneglian, pela colaboração durante o processo de coleta de dados e pela interpretação em língua brasileira de sinais (Libras) de minha defesa.

Aos amigos que me acompanharam dentro e fora dos muros acadêmicos.

Ao Centro Municipal de Ensino Especial para Surdos "Edra Cristianne Chiozzini" e à Escola Municipal Adelino Bordignon de Matão (SP), pelo espaço cedido à pesquisa e prontidão e dedicação ao trabalho com os surdos.

Aos membros das comunidades surdas que contribuíram com este trabalho, tornando-o possível e extremamente agradável de ser concretizado.

À Coordenadoria de Aperfeiçoamento de Pessoal de Nível Superior (Capes), pelo incentivo financeiro.

A Deus, por me presentear com uma vida repleta de desafios e conquistas, oportunidades, amizades e inigualável família.

Para mim, a Língua de Sinais corresponde à minha voz, meus olhos são meus ouvidos. Sinceramente, nada me falta. [...] Olho do mesmo modo com que poderia escutar. Meus olhos são meus ouvidos. Escrevo do mesmo modo que me exprimo por sinais. Minhas mãos são bilíngues. Ofereço-lhes minha diferença. Meu coração não é Surdo a nada deste duplo mundo.

Emanuelle Laborit (1994),
primeira atriz surda a ganhar
o prêmio Moliére na França.

SUMÁRIO

Apresentação

A partir da observação de adolescentes surdos em suas interações com interfaces web, senti-me motivada a desenvolver pesquisas relacionadas às questões de acessibilidade no contexto da sociedade de informação, envolvendo a inclusão digital e social de minorias linguísticas surdas, em especial em ambientes informacionais digitais.

Como se verifica na contemporaneidade, há uma grande explosão informacional, avanços em Ciência e Tecnologia, intenções de ampliar a capilaridade em rede e viabilizar o acesso às tecnologias de informação e comunicação, aos computadores e à internet de forma geral. Esses aspectos, entre outros, suscitam reflexões sobre o uso estratégico de tecnologias de informação e comunicação no processo de inclusão digital e social de usuários específicos em ambientes informacionais digitais acessíveis e inclusivos.

A discussão que envolve a dicotomia inclusão/exclusão possui, neste contexto, um caráter que ultrapassa o acesso às tecnologias enquanto equipamentos disponíveis, como, por exemplo, os computadores e o acesso à internet. Tal reflexão recai, de forma exaustiva, nas formas como as pessoas com diferentes condições sensoriais, linguísticas e motoras, em posse de seus maquinários, podem viabilizar suas condições de acesso e uso de forma autônoma e independente, valendo-se de suas habilidades, necessidades e preferências em ambientes informacionais digitais. Nesse âmbito, as reflexões recaem sobre as questões de acessibilidade, como proposta diferenciadora, no contexto da Ciência da Informação em seu caráter interdisciplinar, a fim de contribuir com as demais áreas do conhecimento, como a Linguística, a Educação, a Computação, a Psicologia, a Biblioteconomia, entre outras.

Nessa linha é que o presente livro está atualizado, a partir de minha dissertação de mestrado, e organizado em seis capítulos, entre os quais está o introdutório (Capítulo 1), no qual são apresentados aspectos motivacionais sobre o tema, o problema e a metodologia de pesquisa desenvolvida no âmbito da Ciência da Informação.

No Capítulo 2, são apresentados aspectos relacionados aos campos da Ciência da Informação, dos Estudos Surdos, da surdez e do bilinguismo focados no acesso às informações, na interface entre usuário e sistema informacional, no bilinguismo e na acessibilidade digital e na ressignificação do estereótipo da surdez como deficiência. A surdez, neste contexto, é considerada como diferença, uma experiência visual marcada pela língua de sinais (LS), comumente utilizada por comunidades surdas, caracterizando-as como grupos linguísticos minoritários.

A acessibilidade e a usabilidade digital, a arquitetura da informação, o desenho universal, as tecnologias assistivas e as digitais são apresentadas no Capítulo 3 em seus aspectos conceituais. Esses conceitos tornam-se fundamentais para a construção de um esquema da Arquitetura da Informação Digital Inclusiva (Aidi), com o objetivo de possibilitar a inclusão digital e social de diferentes tipos de usuários, em especial os surdos, independentemente de suas condições sensoriais, linguísticas e motoras, em ambientes digitais diversos, inclusive na web.

No Capítulo 4, são descritos aplicativos digitais para surdos. Tais aplicativos são de acesso livre ou proprietário, comercializável ou de distribuição gratuita. Apresentam-se também protótipos de softwares desenvolvidos para melhorar a qualidade de vida digital de comunidades surdas interativas.

As "vozes" dos participantes da pesquisa foram ouvidas no Capítulo 5, que apresenta o perfil socioeconômico dos surdos e suas características quanto à surdez e interação com o mundo. Os interesses e ambientes digitais, elementos de acessibilidade específicos para surdos interativos, conteúdos informacionais e a avaliação de usabilidade web sob a perspectiva dos próprios surdos também são tratados nesse capítulo.

No Capítulo 6, é apresentado o Modelo para Análise e Desenvolvimento de Ambientes Informacionais Digitais Inclusivos (Madaidi), com destaque aos elementos de acessibilidade digital, gerais e específicos, para usuários web capazes de promover a ampliação das formas de acesso e do uso de ambientes digitais. O modelo foi elaborado em conformidade com o referencial teórico da pesquisa, as percepções dos surdos em relação à web e a análise de ambientes hipermídia.

Por fim, são apresentadas as considerações finais pontuando os principais aspectos da pesquisa em relação aos resultados obtidos e objetivos traçados, com destaque a sua aplicação social, acadêmica e para a interdisciplinaridade no campo da Ciência da Informação.

Com isso, o presente livro direciona-se a um leitor que possua conhecimentos prévios relacionados às áreas de Ciência da Informação, Biblioteconomia, Ciência da Computação, Linguística e Educação. No entanto, pretendi tratar sobre a temática da acessibilidade de forma ampla e aprofundada, com conceitos e análises de interfaces de ambientes informacionais digitais que proporcionassem noções significativas da relevância do tema, inclusive para analistas e desenvolvedores dessas ambiências. A construção de ambientes informacionais digitais acessíveis e inclusivos caracteriza-se por ser um diferencial em benefício da inclusão digital e social de grupos minoritários. Tais ambientes referenciam-se também como preocupados com a responsabilidade social e com a democratização do conhecimento no contexto da sociedade da informação na era digital, assim como podem abrir novas possibilidades de negócios e de geração de empregos para usuários com diferentes condições sensoriais, linguísticas e motoras.

Prólogo

Desde 1996, questões relacionadas à surdez me inquietam e motivam reflexões quanto a questões linguísticas, cognitivas, escolares e, principalmente, sociais que interferem na autonomia e independência dos surdos em sua efetiva participação na sociedade. Naquele ano, eu trabalhava no comércio da cidade de Matão, interior de São Paulo, quando me deparei, no ambiente de trabalho, com uma das atendentes às gargalhadas diante de um cliente. A atendente ouvinte não estava sabendo como agir diante de um cliente surdo, sozinho, independente e consumidor.

Mal-estar e constrangimento foram sentimentos que me invadiram. Indignada com a situação, me propus a tentar entender qual era o desejo do rapaz. Ora, a loja era de vestuário, e o cliente simulava fechar botões no peito e indicava o comprimento das mangas em seu braço. Mesmo sem eu saber a língua de sinais (LS), seus gestos indicavam que estava em busca de uma camisa de mangas curtas. Só restou-me despencar a prateleira com cores e modelos e deixá-lo escolher, apontando para os preços para informá-lo sobre o valor das peças, além de valer-me do uso da escrita para apresentar as formas de pagamento.

Essa foi apenas minha primeira experiência com os problemas que envolvem a surdez em um contexto ouvinte majoritário. Pude presenciar muitos outros casos durante esses anos, de outros tive conhecimento, alguns me foram narrados, e pude imaginar outras situações a partir dessas vivências.

No entanto, foi somente no segundo semestre de 2003 e no ano de 2004 que tive a oportunidade, assim como a possibilidade, de me aprofundar em estudos sobre a surdez, a LS, os surdos e sua educação, assim como sobre a acessibilidade como forma de possibilitar a inclusão desse público em diferentes âmbitos e contextos socioculturais.

Em 2004, já formada em Pedagogia pela Unesp de Araraquara, realizei o Programa de Aprimoramento Profissional (PAP) – Programa Infantil: Linguagem e Surdez, no Centro de Estudos e Pesquisas em Reabilitação (Cepre) "Prof. Dr. Gabriel de O. S. Porto", instituição sediada na Universidade Estadual de Campinas (Unicamp), vinculada à Faculdade de Ciências Médicas (FCM). Sob a supervisão da professora Zilda Maria Gesueli, pude, nesse ambiente, ampliar meus horizontes no campo da surdez no que diz respeito às problemáticas, possibilidades e reflexões mais aprofundadas.

No Cepre, além de realizar os atendimentos pedagógicos no Programa Infantil: Linguagem e Surdez, participei como observadora do Programa Escolaridade e Surdez, nos quais vivenciei a realidade de crianças (de 4 a 7 anos) e adolescentes surdos (de 13 a 24 anos), assim como as experiências de pais ouvintes diante do diagnóstico da surdez. O desenvolvimento de pesquisas relacionadas à surdez deveu-se ao contato direto com membros das comunidades surdas, possibilitando maior interação com seus hábitos, costumes e realidades mediadas pela língua brasileira de sinais (Libras) e na relação com o português oral e escrito.

O uso do computador e a conexão com a internet estiveram presentes em diversos atendimentos pedagógicos, ora na pesquisa de imagens e informações web, ora na utilização de softwares diversos, como o aplicativo HagáQuê (história em quadrinhos eletrônica), desenvolvido pelo Instituto de Computação da Unicamp. Além disso, o material distribuído pela Editora Arara Azul compôs alguns dos atendimentos a crianças surdas, as quais puderam assistir, por meio de interface digital, à interpretação de histórias como *As aventuras de Pinóquio* em Libras.[1]

Os adolescentes utilizavam a web para encontrar e fazer na rede novos amigos surdos, para a ampliação de seus laços afetivos, a troca de informações sobre as comunidades surdas, diversões, o mercado de trabalho, jogos, atores e programas de televisão, entre outros. Aqueles que se interessaram foram auxiliados na criação de e-mails particulares para manutenção de contatos on-line com os novos amigos.

A partir dessa interação entre surdos e interfaces digitais, idealizei o projeto de mestrado acadêmico no âmbito da Ciência da Informação. A busca por informações na web pelos adolescentes e o interesse deles no aprendizado de caminhos que os direcionassem à informação digital disponível, principalmente em websites que visam à inclusão da comunidade surda, tornaram-se aspectos relevantes ao desenvolvimento da pesquisa nesse campo do conhecimento, a partir da problemática acessibilidade e surdez em ambientes informacionais digitais.

E assim, motivada por pessoas muito queridas, como Priscila Amorin, Zilda Maria Gesueli, meus pais, minhas irmãs e meus amigos, ingressei no mestrado na Unesp, *campus* de Marília, no Programa de Pós-Graduação em Ciência da Informação, linha de pesquisa Informação e Tecnologia, inicialmente sob orientação da dra. Mariângela Braga Norte, uma das primeiras pessoas a acreditar no meu ideal de pesquisa e por quem nutro grande admiração e respeito. Posteriormente, a pesquisa foi orientada pela dra. Silvana Aparecida Borsetti Gregorio Vidotti, a qual prosseguiu no desafio de minha pesquisa com intensas e extensas orientações, compartilhando aprendizados e algumas dificuldades.

---

1 Vale lembrar que mencionar softwares, aplicativos e editoras se configura como aspecto meramente informativo, a fim de contextualizar o leitor quanto aos materiais e ambientes que foram motivadores para a construção de uma visão investigativa quanto ao comportamento dos surdos em relação às interfaces digitais. Dessa forma, não há interesse da referida editora e das empresas ou instituições que desenvolveram os referidos softwares e produtos.

Finalizei o mestrado acadêmico com a defesa da dissertação intitulada *Ambientes informacionais digitais e usuários surdos: questões de acessibilidade*, da qual parte dos resultados, discussões e indagações ocorridas no decorrer da pesquisa realizada encontra-se neste livro. Todavia, novas inquietações sobre a surdez, acessibilidade e usabilidade digital, em um contexto inclusivo, continuam a alimentar pesquisas no que consiste aos avanços das tecnologias e às formas crescentes de interatividade advindas do surgimento de novos espaços e usos das tecnologias digitais.

Espero que este livro possa possibilitar mudanças de paradigma quanto à importância e relevância da acessibilidade digital no âmbito da surdez em diversas áreas do conhecimento, de forma interdisciplinar, assim como levantar novos questionamentos sobre a temática.

1
CAMINHAR OUVINTE RUMO AOS ESTUDOS SURDOS EM CIÊNCIA DA INFORMAÇÃO

As vivências, as observações e as audiências quanto aos aspectos linguísticos, cognitivos e sociais que envolvem a autonomia e independência de surdos na efetiva participação na sociedade norteiam o histórico de segregação e desmistifição social. Muitas situações de frustração, fracasso, descaso e iniciativas cinzentas podem ser encontradas na história de vida dos surdos em diversos ambientes. Há um abismo informacional e atitudinal entre ouvintes e surdos, o qual ultrapassa o despreparo diante do desconhecido, para a omissão e o descaso diante da invisibilidade da diferença sensorial auditiva em relação à condição ouvinte majoritária.

Em conformidade com Sassaki (1997, p.35-6), considera-se "autonomia a condição de domínio no ambiente físico, social [e digital], preservando ao máximo a privacidade, a dignidade, [a língua, as culturas e as identidades] das pessoas que a exercem". Associada a esse conceito, a "independência é a faculdade de decidir sem depender de outras pessoas", o que requer a criação/adaptação de espaços linguísticos, cognitivos, sociais e digitais ampliados à diversidade de cidadãos.

No contexto dos Estudos Surdos, de forma teórica e prática, buscam-se maiores conhecimentos relacionados à comunidade, à cultura, à identidade, à educação e aos processos linguísticos, cognitivos e sociais que envolvem o processo de comunicação, a interação e o acesso à informação pelas pessoas com diferentes condições sensoriais auditivas.

De acordo com Sacks (1998, p.17-21), ao considerar o termo "surdo" deve-se procurar abranger os diferentes graus de surdez (dificuldades para ouvir, seriamente surdo, profundamente surdo ou totalmente surdo), a idade e o estágio do diagnóstico. Dessa forma, na surdez pós-linguística a pessoa já teve uma experiência auditiva no passado, enquanto na surdez pré-linguística não houve uma experiência ou imagens mentais auditivas a que a pessoa possa recorrer. Portanto, para o autor, os natissurdos, ou seja, as pessoas que nascem surdas (surdez pré-linguística), possuem sua experiência "inteiramente visual", embora as palavras não sejam "faladas" de modo auditivo, "eles *veem* a 'voz' das palavras".

Os surdos "não vivenciam o 'silêncio' nem se queixam dele", sendo sensíveis às vibrações (sentido acessório), o que os leva a interagir com o mundo por meio de leitura labial, do uso da língua de sinais (LS) e pela percepção vibratória.

As vivências da autora que motivaram indagações e reflexões relacionadas à independência e autonomia dos surdos, assim como as peculiaridades existentes no próprio campo de estudo da surdez, ilustram a pertinência e a idealização da pesquisa realizada no âmbito da Ciência da Informação. Com o fenômeno web surgiram preocupações quanto à acessibilidade digital para membros das comunidades surdas, usuários preferenciais da LS,[1] no âmbito da filosofia bilíngue da surdez.

---

1 No decorrer do texto os termos Língua de Sinais (LS) e Língua Brasileira de Sinais (Libras) apareceram como referência linguística utilizada pelos Surdos em suas interações com o mundo. A Língua de Sinais, de modo geral, refere-se à língua visual-espacial. No Brasil, alguns Surdos utilizam a Língua Brasileira de Sinais (Libras) ou Língua de Sinais Brasileira – LSB em suas interações sociais e comunicativas, nos Estados Unidos utilizam a Língua de Sinais Americana (ASL), na França, a Língua de Sinais Francesa (LSF), na China, a Língua de Sinais Chinesa (LSC), em Portugal, a Língua Gestual Portuguesa (LGP), entre outras.

Na perspectiva bilíngue, a LS é constitutiva do surdo, uma forma de comunicação e interação essencial na apropriação de ideias e conceitos do universo informacional.

Acessibilidade, em conformidade com Dias (2003, p.109-11), pode ser definida em relação "à capacidade de produtos e ambientes serem usados pelas pessoas" e, no contexto da informática, está associada "à capacidade de um software padrão ser acessado e usado por pessoas com necessidades especiais, mesmo que a forma de uso não seja idêntica para todos".

Esse contexto requer o desenvolvimento de pesquisas quanto à estruturação de ambientes informacionais digitais que visem à inclusão de usuários com diferentes condições sensoriais, linguísticas e motoras, em especial de usuários surdos. Esse processo inclusivo pode ocorrer por meio de aplicações de elementos de acessibilidade e do uso estratégico de tecnologias de informação e comunicação que promovam interfaces digitais acessíveis, usáveis e interativas.

Considera-se, de acordo com Lévy (1993, p.181), que a interface seja

> [...] uma superfície de contato, de tradução, de articulação entre dois espaços, duas espécies, duas ordens de realidade diferentes: de um código para outro, do analógico para o digital, do mecânico para o humano... Tudo aquilo que é tradução, transformação, passagem, é da ordem da interface.

Os ambientes informacionais digitais acessíveis que visam a condições de acesso a diferentes tipos de usuários, em especial aos surdos, devem se fundamentar em aspectos linguísticos, cognitivos, comunicativos e tecnológicos, uma vez que a maioria destes se inseridos em ambientes oral-auditivos.

Vale destacar que, entre as crianças surdas, 90% são filhos de pais ouvintes e apenas 10% são filhos de pais surdos (Marchesi et al., 1995; Sacks, 1998; Dias et al., 2002). Esses percentuais são extremamente relevantes para se refletir sobre o desenvolvimento global do surdo, o acesso às informações e a constituição de sua(s) identidade(s). Um surdo inserido em um ambiente oral-auditivo é privado de informações corriqueiras, perceptíveis pelas vias auditivas.

Dessa forma, as interfaces digitais podem possibilitar ou limitar a interação entre o usuário surdo e o sistema informacional, de acordo com as características do usuário e o contexto de interação.

Para Freire (2003), o acesso dos surdos à informação digital é possível desde que estes dominem, mesmo que parcialmente, o português escrito. Entretanto, a incidência de surdos que o dominam é reduzida[2] e as interfaces de softwares não contribuem para o uso autônomo, independente e produtivo desses sistemas.

O último Censo do Instituto Brasileiro de Geografia e Estatística (IBGE) indica que, no Brasil, existem mais de 5,7 milhões de pessoas com problemas relacionados à surdez, entre as quais 166 mil são incapazes de ouvir, e destes, apenas 15% entendem o português (Vez da Voz, 2007).

No contexto da escrita dos sinais para os surdos, pesquisas têm avançado em relação ao SignWriting como sistema de escrita da LS (Campos, 2002; Sutton, 2006). Esse sistema de escrita surge como uma forma de viabilizar o acesso às informações por meio da expressão de uma língua visual-espacial de forma impressa. Tal sistema é utilizado por alguns membros das comunidades surdas. Todavia, por ser um sistema que não nasceu espontaneamente no contexto das comunidades surdas, pois foi criado por uma coreó-

---

2 De acordo com o Censo Escolar de 2005 (MEC, 2006), existem mais de 640 mil alunos incluídos no ensino regular das escolas brasileiras. Deste contingente, 65,4% encontram-se no ensino fundamental; 17,6%, na educação infantil; 7,8%, na educação de jovens e adultos; 1,7%, no ensino médio; e 0,35%, na educação profissional. Sabe-se que, independentemente do nível de escolaridade, 10,5% têm deficiências múltiplas; 3%, deficiência auditiva; 7,2%, surdez; 0,17%, surdocegueira, entre outros. Aqui foram consideradas a surdez nas deficiências múltipas e na surdocegueira também. Existe uma diferenciação conceitual diante das terminologias "deficiência auditiva", que consiste em limiares de surdez de leve a moderada e que possuem o uso da audição dificultado parcialmente, enquanto a "surdez" em si refere-se a limiares auditivos de severa a profunda, que dificultam totalmente a audição do indivíduo.

grafa norte-americana ouvinte, existem muitas controvérsias quanto a seu aprendizado e a sua aplicação. No Brasil, a divulgação do SignWriting não é amplamente difundida entre os surdos. Em algumas regiões do país, o sistema é mais utilizado do que em outras pelos próprios surdos.

A problemática da participação social, inclusiva e digital dos surdos requer questionamentos e tomadas de atitude diante das possibilidades e aplicação de elementos de acessibilidade no ambiente digital, assim como uma análise crítica quanto às recomendações técnicas e ao aparato legislativo que regulamenta esta questão. Os surdos inseridos em ambientes oral-auditivos, em grande maioria, estão restritos às informações decorrentes das relações e inter-relações sociais, cognitivas e culturais desse universo. Portanto, indaga-se sobre sua efetiva participação inclusiva, independente e autônoma, no ambiente digital, entre outros espaços, inserindo-os na sociedade de forma ampliada.

Muitos estudiosos e pesquisadores têm se preocupado com a acessibilidade, todavia, com a globalização, os avanços tecnológicos e a internet, o conceito de "acessibilidade" sofreu alterações que ultrapassaram as rampas das construções, os obstáculos edificados e permitiu a adição do ambiente digital, graças ao uso estratégico das tecnologias de informação e comunicação.

Nesse sentido, embora ainda incipientes, tornam-se essenciais pesquisas quanto à acessibilidade que contemplem a perspectiva bilíngue da surdez, o desenho universal e as tecnologias de informação e comunicação no planejamento de uma arquitetura da informação digital que possa melhorar as interfaces de acesso e o uso com qualidade de ambientes informacionais digitais com finalidades inclusivas.

As informações disponíveis na web, como um ambiente digital sem fronteiras, estão registradas em textos escritos de variadas línguas e contextos socioculturais. Almeida (2003) aponta que, em diversos estudos, o predomínio da língua inglesa varia de 70% a 85% na internet. A língua portuguesa atinge o índice de 1% a 4% e o idioma chinês, embora falado por mais de 1 bilhão de pessoas, tem um número reduzido de páginas. Para o autor, a grande quantidade de informação na internet, além de causar ansiedade nos usuários, tem acarretado a culpa por desconhecer o idioma inglês, afastando-os do alcance de grande parte desse universo informacional.

Da mesma forma, no caso da surdez, a língua oral-auditiva pode representar uma barreira de comunicação e informacional ao surdo que não a domine principalmente na leitura e escrita. O domínio parcial da língua oral-auditiva, sob influência da privação auditiva e da preferência pela LS, pode distanciar – ou limitar – o surdo sinalizador[3] das informações registradas.

A presença da LS não exclui a necessidade e a importância da língua portuguesa,[4] oral e escrita. Esse aspecto acarreta novas reflexões, de caráter linguístico e político, o qual recai sobre a imposição da língua portuguesa, de qualquer forma, para os surdos sinalizadores. Afinal, quem são aqueles que propõem e deliberam leis em sua amplitude? Surdos, ouvintes ou ambos?

Dessa forma, reflete-se sobre a atuação dos desenvolvedores quanto à preocupação com a diversidade de públicos-alvo potenciais, em suas heterogêneas habilidades, preferências e necessidades, na introdução de ambientes informacionais digitais.

Na estrutura e no planejamento desses ambientes, enfatiza-se a inclusão de elementos de acessibilidade sob a perspectiva bilíngue da surdez e com base nos princípios do desenho universal. Nesse contexto, reflete-se: os websites que objetivam a inclusão da comunidade surda favorecem o acesso às informações aos surdos e aos demais usuários? Os surdos estão satisfeitos com os ambientes digitais

---

3 Surdos sinalizadores são aqueles que utilizam preferencialmente a LS em suas interações comunicativas e sociais.

4 Lei de Libras – Lei n. 10.436, publicada em 25 de abril de 2002, dispõe sobre o reconhecimento da Língua Brasileira de Sinais (Libras) como forma de comunicação e expressão, constituída como um sistema linguístico de transmissão de ideias e fatos, oriundos de comunidades de pessoas surdas do Brasil. A garantia e difusão da Libras como meio de comunicação objetiva e de uso corrente deve ser promovida pelo poder público em geral. A Libras não substitui a escrita da Língua Portuguesa (Brasil, 2002).

criados preferencialmente para a comunidade surda? Os usuários da LS estão satisfeitos com os ambientes informacionais digitais que se valem dessa forma de representação e tratamento da informação? Os ambientes informacionais digitais, com características bidimensionais ou tridimensionais, com recursos hipermídia acessíveis podem favorecer a recuperação, o acesso e o uso de informações por parte dos usuários. Assim, por meio da adição de elementos de acessibilidade, como, por exemplo, a LS, o SignWriting e as legendas em português, os ambientes digitais fornecem condições ampliadas, em especial de uso aos surdos, que podem utilizá-los de forma autônoma e independente a partir de representações condizentes com suas necessidades, habilidades e preferências.

A acessibilidade, como promotora da inclusão digital e social de minorias linguísticas, tem representação acadêmica e científica em Ciência da Informação com o lançamento da revista semestral *Inclusão Social*, em 2005, pelo Instituto Brasileiro de Informação em Ciência e Tecnologia (Ibict).

Emir José Suaiden, atual diretor do Ibict, apresenta como preocupações que nortearam o lançamento da revista: a) interiorizar as tecnologias de informação e comunicação na sociedade e na cultura local por ações intencionais e universalizadoras; b) acrescentar como condição de cidadania a acessibilidade e a apropriação das tecnologias e linguagens digitais que efetivem o direito à autonomia tecnológica e informacional; c) articular procedimentos interativos das primeiras agências de inclusão com as potencialidades comunicativas e procedimentais das tecnologias genéricas de informação e comunicação, para uma reformulação reflexiva de funções e metodologias dos atores e atividades envolvidos no processo inclusivista.

O diretor do Ibict afirma que parte significativa dos processos de inclusão social deve passar não só pela inclusão digital, mas também por uma revisão ética e política das metas científicas e tecnológicas do desenvolvimento sustentável no contexto da democracia (Suaiden, 2005).

Nesse contexto, em Ciência da Informação questões relacionadas à representação, ao tratamento, à recuperação, ao acesso e ao uso das informações em ambientes informacionais digitais, por uma ampla variedade de usuários, necessitam de estudos aprofundados. A participação inclusiva de minorias linguísticas apresenta-se motivada por políticas públicas, ainda que incipientes e precárias, e movimentos surdos que requerem o direito de acesso e uso às informações hipermídia e multilíngue, valendo-se da acessibilidade na interação homem-computador, no planejamento de uma arquitetura da informação digital inclusiva (Aidi), o que será aprofundada no Capítulo 3, para o ambiente digital.

Estudo bibliométrico com enfoque nos artigos sobre os surdos na base de dados LISA, realizado por Silva, Santos e Rodrigues (2011), mostrou a necessidade de se desenvolver pesquisas nesta área do conhecimento sobre a temática da surdez. Os autores destacam que, embora a literatura em Ciência da Informação venha contribuindo para fomentar discussões que minimizem a exclusão de pessoas com limitações físicas, encontra-se um pequeno número de artigos científicos desenvolvidos nesta área com a temática relacionada ao surdo. Assim, afirmam que a Ciência da Informação "[...] requer por parte dos pesquisadores um maior desenvolvimento de pesquisas que tratem do acesso, disseminação e uso da informação por estes indivíduos. (Silva; Santos; Rodrigues, 2011, p.296).

Em função da crescente demanda de surdos exigentes e interativos, com suportes legais (Brasil, 2002, 2004) que visam garantir sua participação inclusiva na sociedade, consideram-se as medidas relacionadas a acessibilidade fundamentais, em especial, à inclusão digital e social de usuários Surdos.

Estudo realizado pela *Revista Nacional de Reabilitação* durante a Reatech 2006 – 5ª Feira Internacional de Tecnologias em Reabilitação e Inclusão, que contou com mais de 30 mil visitantes, fez pesquisa com 3.178 pessoas de diversas idades, regiões do Brasil e diferenças sensoriais e linguísticas. O resultado dessa pesquisa apresentou, pela primeira vez no país, o perfil socioeconômico dessa população. Assim, a partir da amostragem inicial, no caso específico da surdez, foi divulgado que 65% dos surdos eram do sexo masculino, a maioria entre 25 e 50 anos (46,5%), com 58% inseridos no ensino médio e 55% trabalhando. Quanto ao uso de tecnologias digitais, o estudo aponta que 86% dos surdos têm telefone celular e 77% têm acesso à informática e/ou internet. Haja vista que essa amostra está inserida em um contexto específico de uma feira de alta tecnologia.

A inclusão digital e social de surdos com autonomia e independência requer a aplicação de elementos de acessibilidade na estruturação de uma arquitetura da informação que permita a interatividade de usuários específicos – sejam sinalizadores em LS, sejam leitores em SignWriting e/ou em língua portuguesa (escrita como segunda língua) –, assim como o uso de tecnologias assistivas pelo usuário no atendimento de suas necessidades informacionais e tecnológicas em ambientes digitais no contexto inclusivo.

Com isso, consideram-se os ambientes hipermídia digitais com potencial inclusivo relacionado aos aspectos linguísticos, cognitivos e sociais que envolvem a especificidade de diferentes públicos-alvo. Assim, a elaboração de um Modelo para Análise e Desenvolvimento de Ambientes Informacionais Digitais Inclusivos (Madaidi) torna-se relevante para o processo de planejamento de ambientes informacionais digitais acessíveis.

No âmbito da Ciência da Informação, este estudo encontra os subsídios necessários nos processos de tratamento, recuperação, representação, acesso, distribuição, disseminação, acesso e uso de informações digitais em proporção ampla e heterogênea aos usuários, com procedimentos focados principalmente na participação inclusiva de surdos em ambientes informacionais digitais. Assim, o foco está no planejamento de ambientes digitais para o atendimento das necessidades informacionais e tecnológicas de diferentes usuários, independentemente de suas condições sensoriais, linguísticas e motoras.

Com isso, a proposta de pesquisa realizada no mestrado acadêmico em Ciência da Informação consistiu em identificar os elementos de acessibilidade digital, assim como as tecnologias assistivas[5]

---

5 As tecnologias assistivas, de acordo com a Organização Mundial de Saúde (OMS), referem-se a produtos, instrumentos, estratégias, serviços e práticas, especialmente produzidos ou geralmente disponíveis para prevenir, compensar, aliviar ou neutralizar uma deficiência, incapacidade ou desvantagem, para

e digitais[6] disponíveis e aplicáveis à estruturação de uma Aidi que possa atender as necessidades informacionais e tecnológicas de usuários surdos, em especial, com o intuito de elaborar um Madaidi.

O Madaidi baseou-se no levantamento bibliográfico realizado, nas percepções dos surdos por meio de aplicação de questionário, na observação sistemática para análise de ambientes digitais indicados pelos surdos, com acréscimo de elementos de acessibilidade identificados, no desenvolvimento da pesquisa pela autora e em outros ambientes digitais, inclusive da web.

Destaca-se que os elementos que compõem o Madaidi podem ser introduzidos em conjunto ou separadamente, de acordo com as necessidades informacionais e tecnológicas dos usuários e dos objetivos pretendidos com o desenvolvimento do ambiente informacional digital. Seu intuito é atender as necessidades estruturais, informacionais e tecnológicas de ambientes informacionais digitais que buscam, além de viabilizar a participação de usuários surdos sinalizadores, a inclusão de outros usuários com diferentes condições sensoriais e motoras. Porém, o foco principal é a inclusão da comunidade surda, sinalizadora ou não.

Diante da possibilidade de realizar um trabalho de pesquisa com caráter interdisciplinar, objetivou-se destacar as potencialidades das tecnologias de informação e comunicação, em específico de ambientes informacionais digitais, para atendimento de usuários com diferentes condições sensoriais, linguísticas e motoras, pre-

---

melhorar a autonomia e a qualidade de vida dos indivíduos. Pode-se encontrar o termo "ajudas técnicas" com o mesmo valor conceitual das tecnologias assistivas, conforme destaque no Decreto n. 5.296, de 3 de dezembro de 2004, que considera softwares ou hardwares concebidos para ajudar as pessoas a executarem atividades do cotidiano de forma agradável, bem-sucedida, com independência em suas capacidades funcionais. Neste trabalho, será utilizado o termo tecnologia assistiva para se referir a softwares criados especialmente para melhorar a qualidade de vida, com o máximo de autonomia e independência, de minorias linguísticas surdas, entre outros tipos de usuários.

6   Em conformidade com Pierre Lévy (1999, p.32), "[...] as tecnologias digitais surgiram, então, como a infra-estrutura do ciberespaço, novo espaço de comunicação, de sociabilidade, de organização e de transação, mas também novo mercado da informação e do conhecimento."

ferencialmente usuários surdos. Assim sendo, focados no campo científico da Ciência da Informação, pretende-se contribuir com os processos de organização, representação, tratamento, recuperação, disseminação, acesso e uso da informação. Para isso, apresenta-se o Madaidi como forma de ampliar o atendimento às necessidades informacionais de usuários específicos de forma inclusiva, não exclusiva e tampouco excludente, baseado em uma Aidi.

Em Biblioteconomia e em Ciência da Informação, essa interdisciplinaridade pode contribuir com disciplinas acadêmicas que tratem da organização, representação, tratamento, recuperação, acesso e uso da informação, estudo de usuário, público-alvo específico de unidades de informação, comportamento de usuário, ambientes informacionais digitais, websites e bibliotecas digitais inclusivas acessíveis à diversidade de usuários potenciais.

Em Educação, esta pesquisa contribui para a reflexão sobre as tecnologias de informação e comunicação como ferramentas pedagógicas viáveis ao processo ensino-aprendizagem, principalmente de surdos, em especial no tocante à elaboração, ao acesso e ao uso de materiais didáticos específicos de forma crítica. Da mesma forma, a crescente abordagem do ensino a distância se beneficia desta pesquisa, em sua característica hipermídia, multicultural e multilíngue, na criação de ambientes informacionais digitais inclusivos para surdos ou ouvintes interessados no aprendizado da Libras e de demais Línguas de Sinais, assim como em uma formação educacional condizente com suas necessidades e preferências em diversos níveis de instrução. Com isso, a partir de Piaget, Ausubel e Vygotsky, Silva e Rodrigues (2008) afirmam que o conhecimento se constrói na interação com o novo e com o outro, como seres sociais.

A pesquisa científica caracterizou-se como bibliográfica, exploratória e descritiva, com levantamento e análise documental sobre o tema. A essas se associa a observação sistemática na identificação de interfaces de ambientes digitais (principalmente de websites) e com coleta de dados (pesquisa empírica) realizada por meio de aplicação de questionário a usuários surdos.

2
Ciência da Informação, Estudos Surdos e bilinguismo

Informação no contexto da Ciência da Informação

A Ciência da Informação tem como objeto de estudo a informação em distintos ambientes. Para Messias (2005), os estudos em Ciência da Informação direcionam-se aos processos de geração, coleta, transmissão, assimilação e uso da informação. Para a autora, esses processos criam mecanismos capazes de otimizar o gerenciamento de informações por meio da utilização de novas tecnologias no estabelecimento de interfaces com diferentes disciplinas científicas. Com isso, em conformidade com Wolfram (2000), os estudos em Ciência da Informação devem focar o usuário, os sistemas que permitem o acesso à informação e a interface entre os dois.

Saracevic (1995, 1996) e Le Coadic (1996) apresentam três características principais quanto à existência e evolução da Ciência da Informação:

a) Natureza interdisciplinar: introduzida pelas diferentes experiências dos pesquisadores e suas áreas de atuação na busca por soluções para problemas relacionados à informação e a comunicação. Saracevic (1995, 1996) enfatiza que as relações interdisciplinares envolvem as manifestações e os efeitos do comportamento humano e da necessidade de tornar acessível o "mundo do conhecimento", assim como das iniciativas de criação de soluções tecnológicas que não podem ser resolvidas em uma única disciplina. O autor concentra-se nas relações interdisciplinares da Biblioteconomia, Ciência da Computação, Ciência Cognitiva e Comunicação. Por outro lado, Le Coadic (1996) destaca a Ciência da Informação como uma nova disciplina, um novo campo de conhecimento em que colaboram entre si Psicologia, Linguística, Sociologia, Informática, Matemática, Lógica, Estatística, Eletrônica, Economia, Direito, Filosofia, Política e Telecomunicações.

b) Inexoravelmente ligada à Tecnologia da Informação: refere-se à indústria da informação com o surgimento das tecnologias eletrônicas e fotônicas[1] (ibidem) e na relação entre Ciência da Informação e Ciência da Computação quanto ao uso de computadores e da computação, serviços e produtos, redes e bibliotecas digitais como um imperativo tecnológico que força e limita a evolução dessa área (Saracevic, 1995, 1996). As modernas tecnologias em informação apresentam como vantagens evolutivas da Ciência da Informação, de acordo com Saracevic (1996), questões científicas relacionadas às práticas profissionais voltadas para os problemas da comunicação e do conhecimento, seus registros entre os seres humanos e as necessidades de informação.

c) Participante na evolução da sociedade da informação: juntamente com outros campos, a Ciência da Informação tem uma forte dimensão social e humana que ultrapassa os valores agregados às tecnologias (idem, 1995, 1996). De acordo com Takahashi (2000), a construção de uma sociedade baseada na informação, no conhecimento e no aprendizado tem como elemento-chave a educação, que, nesse contexto, refere-se à desigualdade de oportunidades quanto ao desenvolvimento

---

1 As tecnologias eletrônicas podem ser analógicas ou digitais e utilizam técnicas de fluxos de elétrons, enquanto as tecnologias fotônicas (microcomputadores, telas de monitor sensível a toque, discos laser, fibras ópticas, hipermídias, entre outros) utilizam fluxos de fótons, ou seja, partículas de luz.

da capacidade de aprender e concretizar inovações. Para o autor, educar na sociedade da informação requer competências amplas para a atuação efetiva na produção de bens e serviços, tomadas de decisões fundamentadas no conhecimento, fluência na operação dos meios e das ferramentas de trabalho e criatividade nas novas mídias. Além disso, requer a formação de indivíduos para "aprender a aprender" com capacidade para lidar positivamente com a contínua e acelerada transformação das bases tecnológicas.

Portanto, a sociedade da informação pode ser considerada um espaço de acesso aos conteúdos informacionais e de estoques de documentos para determinada realidade que proclama "ser a informação a todos acessível [como] o único caminho para uma sociedade livre" e democrática (Robredo, 2003, p.166).

Araújo e Rocha (2009, p.10) associam à sociedade da informação as "transformações pelas quais passam as sociedades contemporâneas, em que a informação e as tecnologias da informação e das comunicações (TIC) assumem relevância no novo padrão de produção capitalista". Para os autores, a construção da sociedade da informação brasileira apresenta como desafios as políticas de ciência, tecnologia e inovação (CT&I), assim como as políticas públicas de educação e de desenvolvimento industrial, uma vez que as desigualdades sociais e econômicas refletem, no desenvolvimento nacional, as desigualdades digitais no contexto da "nova sociedade da informação".

Nesse sentido, Barreto (2002, p.71) divide a Ciência da Informação em três tempos históricos quanto a seu desenvolvimento como instituição mediadora da relação informação e conhecimento: a) Tempo da gerência da informação (1945-1980); b) Tempo da relação informação e conhecimento (1980-1995); e c) Tempo do conhecimento interativo (1995 até os dias atuais).[2] De acordo com o

---

2 As marcações temporais dos tempos da Ciência da Informação visam assinalar tendências conforme o pensar de determinada época e não excluem o período anterior. Atualmente, vivencia-se o período do conhecimento interativo, caracterizado pelo novo *status* do conhecimento após o surgimento da internet e da web.

autor, as tecnologias de informação e comunicação influenciaram a qualificação de tempo e espaço entre os emissores, os estoques e os receptores da informação. Assim, a concretização da Ciência da Informação encontra as condições necessárias no século XXI, afirma Marchiori (2002). Isso se justifica pela preocupação com públicos diferenciados e pelas competências profissionais que definem a sociedade voltada à informação.

A web disponibiliza aproximadamente uma página a cada quinze segundos por empresas comerciais, organizações sem fins lucrativos, governos e indivíduos (Davenport, 1998). Esse aspecto, associado à interatividade marcante no ambiente web, acarreta mudanças em muitos aspectos da vida humana, o que consiste no processo de aquisição qualitativa e quantitativa de informações.

Le Coadic (1996, p.5) considera a "informação [...] um conhecimento inscrito (gravado) sob a forma escrita (impressa ou numérica), oral ou audiovisual", como "um significado transmitido a um ser consciente por meio de mensagem inscrita em um suporte espacial-temporal [...]". Essa inscrição é feita por um sistema de signos que associa um significante a um significado. Nesse sentido, o objetivo da informação é a apreensão de sentidos ou seres em sua significação – o conhecimento.

Com isso, torna-se necessário refletir sobre o acesso às informações por usuários com diferentes condições sensoriais, linguísticas e motoras, em especial os surdos sinalizadores. No ambiente informacional, especialmente na web, como as informações estão organizadas e representadas para atender a especificidade dos usuários surdos? A língua de sinais (LS) apresenta-se de forma satisfatória para os usuários surdos sinalizadores em ambientes informacionais digitais?

Morin (2004, p.12) afirma que o desenvolvimento dos meios de comunicação afeta a compreensão entre as pessoas. Refere-se à compreensão como não relacionada à materialidade da comunicação, mas ao social, político, existencial, o que remete as reflexões a um problema filosófico. Para o autor, "a compreensão, mais do que a comunicação, ou em consequência desta, é o grande problema atual da humanidade".

As informações divulgadas devem ser representadas, tratadas e disseminadas para atingir o máximo de acesso e uso pelos diferentes usuários. Com a informação tratada, organizada e disseminada o mais adequadamente possível, a probabilidade de acesso e de uso pelo receptor aumenta, o que pode contribuir para a construção do conhecimento como um processo de aprendizado interativo e dinâmico.

Dessa forma, é importante destacar que a essência do fenômeno da informação se efetiva entre o emissor e o receptor como possibilidade de geração de conhecimento, conforme afirma Barreto (2005). Nesse sentido, considera-se que

> [...] o acesso à informação leva a sua disponibilização de acordo com as necessidades do usuário; essa disponibilização poderá fortalecer os ideais da democracia; a acessibilidade da informação passa pela sua organização e gerência; é fundamental a consciência de que a complexidade da informação, proveniente de múltiplas fontes, é fator preponderante para os processos de tomadas de decisão e finalmente, o domínio e o gerenciamento da informação estão cada vez mais ligados aos desafios das novas tecnologias. (Moraes; Belluzzo, 2004, p.78)

Para Vidotti (2001, p.40), a hipermídia possibilita diferentes maneiras de individualizar a aprendizagem, que permitem a presença da interatividade e do realismo apresentado por meio do uso de sons, imagens, textos e gráficos. Com isso, o ambiente hipermídia "possibilitaria encontrar inúmeras formas paralelas de aquisição de conhecimento para uma aprendizagem dinâmica e criativa, pela determinação da própria sequência de recuperação de informações".

Afirmam Sant'Ana e Santos (2004) que o contexto do receptor é fundamental para a assimilação do conhecimento que está sendo acessado. Da mesma forma, Moraes e Belluzzo (2004, p.79) pontuam que

[...] a informação se transforma em conhecimento quando o seu conteúdo é assimilado pelo indivíduo, sendo incorporado ao rol de experiências que fazem parte de sua memória e é utilizado para a busca de solução de problema, criação de ideias e tomada de decisões.

Para Lévy (1998, p.105), a linguagem humana apareceu de forma simultânea sob diversas formas (oral, gestual, musical, icônica, plástica), sendo que

[...] cada expressão singular ativando esta ou aquela zona de um *continuum* semiótico, repercutindo de uma língua a outra, de um sentido a outro, seguindo os rizomas da significação, atingindo tanto mais as potências do espírito por atravessar os corpos e os afetos. Os sistemas de dominação que se fundaram sobre a escrita isolaram a língua, tornaram-na dona de um território semiótico doravante cortado, parcelado, julgado segundo as exigências de um *logos* soberano. Ora, o surgimento das hipermídias desenha em pontilhado um possível interessante (entre outros que o são menos): o de uma volta ao que havia antes do caminho aberto pela escrita, aquém do logocentrismo triunfante, em direção à reabertura de um plano semiótico desterritorializado, mas uma volta rica de todas as potências do texto, um retorno armado de instrumentos desconhecidos no paleolítico, suscetíveis de dar vida aos signos. Em vez de se encerrar na oposição fácil entre o texto razoável e a imagem fascinante, não melhor tentar explorar as possibilidades mais ricas, mais sutis, mais refinadas de pensamento e de expressão abertas pelos mundos virtuais, pelas simulações multimodais, pelos suportes de escrita dinâmica?

Em *O que é virtual?*, Lévy (1996, p.72) atribui à língua uma valoração na expressão de questões e narrativas de histórias como intensificação da existência dos seres humanos. O autor destaca que os signos possibilitam ao ser humano se desligar parcialmente da experiência corrente e recordar, evocar, imaginar, jogar e simular. Destaca, ainda, que

Não devemos esses poderes apenas às línguas, como o francês, o inglês ou o wolof, mas igualmente às linguagens plásticas, visuais, musicais, matemáticas etc. Quanto mais as linguagens se enriquecem e se estendem, maiores são as possibilidades de simular, imaginar, *fazer imaginar* um alhures ou uma alteridade.

Com isso, pesquisadores em Ciência da Informação têm se dedicado a estudos quanto aos conteúdos informacionais que utilizam, de forma estratégica, os recursos tecnológicos como meio de representação, armazenamento, tratamento, organização, recuperação, preservação e disseminação de informações a diferentes usuários.

Freire (2003, p.195) menciona a crescente preocupação com o design de interfaces entre os pesquisadores interessados na democratização e não exclusão digital e social de minorias que usam as tecnologias de informação e comunicação com fins educacionais, domésticos ou profissionais. Para a autora, esse sistema de exclusão é reforçado por livros, edições, bibliotecas, laboratórios científicos e pelas próprias tecnologias de informação e comunicação. No entanto, a exclusão pode ser atenuada pela interferência das tecnologias, com "o desenvolvimento de interfaces condizentes com a especificidade de grupos sociais minoritários visando o acesso ao computador e seu consequente uso profissional, educacional e doméstico".

A escolha dos tipos de documento em que o conteúdo informacional será disponibilizado em ambientes digitais relaciona-se com o planejamento de uma arquitetura da informação, assim como com o design da interface que visa atender aos requisitos de introdução do sistema informacional, os objetivos propostos, o público-alvo a que se destina e suas necessidades informacionais.

No contexto da surdez, a introdução de tecnologias digitais e elementos de acessibilidade em ambientes informacionais, com a presença de LS em recursos hipermídia, pode viabilizar o acesso de usuários surdos de forma autônoma e independente. Portanto, embasados nos Estudos Surdos, busca-se possibilitar maiores condições multilíngues e hipermídia, com acessibilidade digital que valorize a surdez como diferença, com enfoque cultural e nas identidades surdas na ampliação dos espaços de atuação e interação de comunidades surdas exigentes e interativas no âmbito digital.

Estudos Surdos: comunidades, culturas e identidades surdas

A surdez pode ser considerada algo além de um fenômeno físico, como uma construção cultural. De modo geral, a relação entre surdo e ouvinte ocorre na sociedade por meio da comunicação, da linguagem, das LS (oral e escrita)[3] e da língua portuguesa (oral ou escrita).[4]

Essa construção cultural da surdez envolve o multiculturalismo na concepção crítica (Skliar, 1998; Sá, 2006), que exige um olhar sobre as várias culturas, imbricadas umas nas outras, na formação da sociedade. Dessa forma, podem-se considerar envolvidos nas comunidades surdas os negros, brancos, índios e as demais etnias, gêneros, nacionalidades, condições físicas, cognitivas e sociais.

A cultura surda, em sua abrangência, envolve a individualidade de seus membros na composição de um grupo social legítimo com historicidade conceitual carregada de lutas e conquistas pelos surdos. Isso vem alterar os sentidos e perspectivas teóricas, políticas e

---

3 Considera-se a LS de forma oral em seu uso visual-espacial e visível pelo receptor da informação. O uso escrito da LS, embora ainda muito controverso, refere-se ao sistema de escrita em SignWriting, que será detalhado no decorrer deste trabalho.

4 A língua portuguesa oral, neste contexto, pode ser considerada como a verbalização e/ou oralização pelos surdos e a leitura labial realizada por estes na interação com um ouvinte falante. É importante destacar que não são todos os surdos que possuem habilidade na leitura labial e na oralização. Esses aspectos orais dependem de características e habilidades desses indivíduos. A língua portuguesa escrita, por outro lado, pode ser considerada a expressão via escrita entre surdos e ouvintes, sabendo-se da influência da língua brasileira de sinais (Libras) na formulação de frases por usuários dessa língua visual-espacial de forma efetiva, como pode-se verificar nos depoimentos mencionados no Capítulo 5, "As 'vozes' dos surdos".

os contextos sociais que envolvem a naturalidade sócio-histórica da surdez na contemporaneidade.

A forma pela qual os sentidos sobre a surdez e sobre os surdos são construídos, em diferentes momentos históricos, por meio de condutas, formas de pensar, literaturas, imagens, práticas educacionais, avanços tecnológicos, participação social, espaços de atuação política e social imprime características históricas e representações sociais desses grupos linguísticos minoritários.

Assim, em *O silêncio disciplinado*: a invenção dos surdos a partir de representações ouvintes, dissertação de mestrado de Lulkin (2000) são apresentados aspectos sobre a surdez desde o século XVIII, considerando-os em algumas categorias propostas por Wrigley (1996 apud Lulkin, 2000), que se referem aos surdos constituídos como "objeto de salvação cristã" e como "objeto de investigação científica".

No decorrer de sua dissertação, Lulkin (ibidem) representa os surdos e a surdez construídos nos discursos religiosos, médicos, filosóficos, antropológicos e pedagógicos que marcaram a educação e a sociedade na qual estavam inseridas essas pessoas desde o século XVIII até o final do século XIX.

Fundamentado nos Estudos Surdos e nos Estudos Culturais[5] britânicos, o autor aponta as "mostras públicas" como roteiro visual de práticas sistemáticas refinadas ao longo dos séculos, revelando algumas atividades artísticas escolares atuais concebidas pela poética e pela política sob controle de pessoas ouvintes. Descreve alguns procedimentos no ensino de pessoas surdas, com destaque à importância do conhecimento religioso para a obtenção de uma posição jurídica, econômica e social. Tal posição era mediada por um mestre que aprovava o aluno surdo diante da comunidade de ou-

---

5 Os Estudos Culturais surgiram na Inglaterra, na segunda metade do século XX, em contestação às concepções de Arnold Mathew sobre a tradição da cultura e da civilização. Atualmente, os Estudos Culturais têm contribuído para apontar a arbitrariedade de inúmeras demarcações historicamente consagradas.

vintes a fim de garantir a manifestação de sua alma perante Deus – "objeto de salvação cristã".

Como "objeto de investigação científica", pontua os discursos sobre a educação dos surdos, ilustrados por meio de imagens e textos a fim de visualizar as salas de aula e os procedimentos pedagógicos que submetem os surdos ao treinamento da fala e ao silenciamento da LS. Por fim, apresenta as ideias e as propostas de criação do Instituto Nacional de Educação de Surdos (Ines) no Brasil do século XIX.

Lulkin (ibidem, p.18) questiona sua posição de ouvinte e pesquisador diante das questões da surdez capaz de inventar o outro por não pertencer a esta comunidade de forma efetiva. O autor menciona:

> [...] não ignoro que a minha condição de pesquisador ouvinte tampouco "escapa" de uma posição de poder que me permite, no espaço acadêmico, inventar o outro, ao falar desde a minha perspectiva, como mais uma possível "verdade" sobre uma comunidade à qual não pertenço. Os dispositivos utilizados para falar do outro – neste caso, os surdos – criam uma imagem feita pelas pessoas "normais" – neste caso, os ouvintes – que são as que definem o que é normalidade e anormalidade [...].

A posição de Lulkin (ibidem) expressa uma representação ouvinte do surdo, assim como se torna um encontro privilegiado de poder ao representar aquele e, ao mesmo tempo, propor um descentramento das representações que a história cristalizou. Nesse sentido, sua preocupação ilustra a situação de muitos pesquisadores ouvintes que, no âmbito dos Estudos Surdos, têm refletido sobre as questões da surdez em diversos campos do conhecimento.

Para Silva (2005, p.48), o respeito pelas minorias envolve o aprendizado do "'ouvir, ver e compreender' o som de muitas línguas ao descobrir o som do silêncio". Assim, Kelman (2005, p.102) destaca que a consciência da diferença fortalece a contra-hegemonia dentro da própria cultura dos surdos, sendo necessário valorizar o pensamento divergente como fenômeno social dentro de um contexto social. A autora critica o estigma e a inferioridade de determinados grupos sociais e enfatiza que a promoção de uma sociedade inclusiva, com respeito ao multiculturalismo, deve buscar atender aos interesses das pessoas surdas.

De acordo com as pesquisadoras surdas Rangel e Stumpf (2004), o estereótipo da surdez exige uma ressignificação a partir dos Estudos Culturais, que transformam a concepção de culturas e identidades surdas. Essa ressignificação da surdez, como representação de uma diferença cultural, possibilita ao surdo o sentimento de pertencer e estar inserido no social, como parte de um grupo naturalmente definido de pessoas, práticas e instituições sociais.

Portanto, a preocupação em dar "voz" aos surdos prevaleceu neste trabalho, o que possibilitou "vê-los" e "ouvi-los" enquanto representantes de comunidades surdas política, cultural e socialmente legitimadas. Distantes da posição de objeto de investigação científica, os surdos participantes da pesquisa assumiram o papel de protagonistas sociais e representantes da heterogeneidade[6] de membros que compõem as comunidades surdas interativas.

Klein e Lunardi (2006, p.17-9) afirmam que as "culturas surdas" devem ser compreendidas a partir da percepção enquanto "elementos que se deslocam, se fragilizam e se hibridizam no contato com o outro, seja ele surdo ou ouvinte; é interpretá-las a partir da alteridade e da diferença". As autoras consideram as culturas surdas como híbridas, de fronteiras, constituídas por diferentes subjetividades, que atravessam "a 'suposta' cultura ouvinte por onde transitam os sujeitos surdos em suas relações sociais".

---

6 A heterogeneidade de usuários surdos é considerada pelas diferentes comunidades, culturas e identidades que os caracterizam enquanto indivíduos, seres sociais e membros de grupos linguísticos minoritários. Dentre esta heterogeneidade, destacam-se os surdos filhos de pais ouvintes que adquiriram a LS como língua materna, os surdos filhos de pais ouvintes que não foram oralizados e só usam a LS, os surdos filhos de pais surdos que utilizam a LS, os surdos filhos de pais surdos/ouvintes que não atingiram níveis satisfatórios de escolarização, oralidade, leitura e escrita, entre outros, assim como diferentes raças, etnias, localizações geográficas e marcos socioculturais e econômicos.

Com base nos conceitos propostos por Hall (1997), a pesquisadora surda Perlin (1998) cita-o propondo o conceito de identidade sob diferentes interpretações, considerando três momentos: o iluminista (tende à perfeição do ser humano), o sociológico (as identidades se moldam nas representações sociais) e o da modernidade tardia (as identidades são fragmentadas). Com isso, a partir da interpretação relacionada à modernidade tardia, a autora conceitua as identidades pós-modernas como plurais, múltiplas, que se transformam, que podem ser contraditórias, que estão em construção, empurrando o sujeito para diferentes posições.

Entre os surdos e suas múltiplas identidades existem situações de "necessidade diante da identidade surda" dada pela não diluição total dessas identidades nos encontros socioculturais com os ouvintes e com o ouvintismo[7] como forma de poder.

Desta forma, Perlin (ibidem) categoriza as identidades surdas em cinco grupos para mostrar a heterogeneidade das facetas que as constituem:

- Identidades surdas: presentes nos grupos onde entram os surdos que vivenciam a experiência visual propriamente dita, pela comunicação visual-espacial, caracterizando o grupo no centro do específico surdo. Destas pode surgir a identidade política surda construída no envolvimento com os movimentos surdos, que se sobressaem na militância pelo específico surdo.
- Identidades surdas híbridas: surdos que nascem ouvintes e que, com o tempo, se tornaram surdos. Ou seja, esses sujeitos conhecem a estrutura da língua portuguesa falada e a usam como língua. A comunicação de forma visual é capturada do exterior e transferida para a língua que adquiriram inicialmente, depois é transferida para os sinais. O surdo aqui

---

7 O ouvintismo refere-se a um conjunto de políticas que exercem pressões linguísticas, identitárias e corporais dos surdos e sobre a surdez. Essas políticas são traduzidas por Skliar (2001, p.91) como práticas colonialistas, "a partir das quais os surdos são narrados pelos ouvintes e estão obrigados a olhar-se e a narrar-se como se fossem ouvintes".

possui duas línguas, mas sua identidade vai ao encontro da identidade surda.

— Identidades surdas de transição: identificadas em surdos que passam da hegemônica experiência ouvinte com representação da identidade ouvinte para a identidade surda de experiência visual, marcada por sequelas de representação evidenciadas em sua identidade em reconstrução nas diferentes etapas da vida.

— Identidades surdas incompletas: apresentadas por surdos que vivem sob uma ideologia ouvintista latente. Valorizam a socialização de surdos em compatibilidade com a cultura dominante. A negação da surdez pelo surdo representa uma outra identidade inclusa nesta, dada pelo estereótipo da surdez ou pelo isolamento da comunidade surda.

— Identidades surdas flutuantes: presentes onde os surdos vivem, manifestam-se a partir da hegemonia dos ouvintes, permitindo ver a consciência do ser surdo vítima da ideologia ouvintista que determina seus comportamentos e aprendizado.

As construções das identidades dos surdos envolvem suas experiências e ambientes sociais de interação com o mundo, assim como as possibilidades e as privações comunicativas relacionadas a sua socialização. Os surdos filhos de pais surdos, conforme afirma Perlin (ibidem, p.63), "são criados para conviver com o virtual do ser surdo sem que isso seja uma realidade particularmente perturbadora como o é para os filhos surdos de pais ouvintes".

Neste sentido, Rangel e Stumpf (2004, p.86) destacam que a identidade surda tem sido construída no cotidiano e representa o resgate do sujeito surdo do papel de subordinação, inserindo-o no centro de problemáticas mais complexas e repletas de interrogações sem respostas formuladas.

A ênfase no respeito às diferenças como forma de inclusão social de minorias linguísticas é um dos fatores destacados neste livro e pontuados por Perlin (1998) como aspecto de construção de identidades. Assim, com relevância na construção da identidade política do surdo e no multiculturalismo, com estratégia de reversão da posição de subordinação do surdo, se sobressai o "respeito aos direitos universais para as condições de desenvolvimento cultural e de justiça" (ibidem, p.72). Neste ponto, emergem reflexões no âmbito digital contextualizado em aspectos hipermídias, hipertextuais e multilingues na contemporaneidade.

Contudo, verifica-se o interesse dos próprios surdos pelo respeito e garantia de direitos, tornando-se necessário promover a acessibilidade para membros das comunidades surdas em diversos espaços e manifestações sociais, ampliando suas participações sociais, inclusive em ambientes informacionais digitais.

Língua de sinais

As LS foram desvalorizadas por muito tempo, conforme destacou Lulkin (2000), em função da intolerância com as práticas linguísticas de minorias e da excessiva preocupação com o ensino da fala para os surdos. Esse aspecto marcou a educação dos surdos pela filosofia oralista, que propunha a superação da surdez e aceitação social do surdo por meio da oralização, excluindo a LS dos modelos educacionais. No entanto, no período de 1960 a 1990, com os avanços metodológicos e tecnológicos, assiste-se à decadência do oralismo e surge a comunicação total. Nessa abordagem, propõe-se a utilização de múltiplas formas de comunicação por meio de recursos linguísticos e não linguísticos conjuntamente. Somente na década de 1990 é que o bilinguismo ganha visibilidade, propondo a convivência da língua falada, principalmente no que consiste em sua aquisição escrita, e da LS lado a lado, mas não simultaneamente (Sacks, 1998; Lulkin, 2000; Dias; Pedroso, 2002; Machado, 2008).

No entanto, o reconhecimento da LS enquanto língua ocorreu em 1960, com a publicação do *Dicionário de Língua de Sinais Americana*, trabalho pioneiro realizado por Stokoe (Sacks, 1998; Quadros; Karnopp, 2004; Rosa, 2008). Esse trabalho impulsionou a publicação de dicionários similares por todo o mundo. No Brasil, Capovilla e Raphael (2001) lançaram o *Dicionário enciclopédico ilustrado trilíngue da Língua de Sinais Brasileira*, que contribui para o enriquecimento cultural de surdos e de ouvintes. Assim, pode-se considerar que, nos últimos 48 anos, as LS passaram a ser reconhecidas por linguistas, poderes legislativos e executivos, professores e pelos próprios surdos.

Considera-se a LS dotada de complexidade e utilidade, com gramática própria (Brito, 1995), não é universal e uniforme. Existem centenas de LS diferentes que surgiram de maneira independente diante do número significativo de pessoas surdas em contato umas com as outras (Sacks, 1998). Utiliza-se do canal visual-espacial para expressar gestos que representam um conjunto de elementos linguísticos manuais, corporais e faciais na articulação significativa dos sinais (Góes, 1996). O emissor constrói uma sentença e o receptor utiliza a percepção visual para entender o que é comunicado.

É apresentado na Figura 1 o sinal de "árvore". Em Libras, o tronco da árvore é representado por meio do antebraço e os galhos e as folhas, por meio da mão aberta e do movimento interno de seus dedos. Por outro lado, em função da não universalidade das LS, o sinal do mesmo conceito em Língua de Sinais Chinesa (LSC) representa apenas o tronco, com as duas mãos semiabertas e os dedos dobrados de forma circular (Paraná, 1998).

Figura 1 – Exemplos do sinal de "árvore" em Libras e em LSC.
Fonte: Paraná (1998)

As dimensões espaciais das LS apresentam-se de formas icônicas (alguns sinais que fazem alusão à imagem de seu significado) e arbitrárias (relaciona-se à forma e ao significado, uma vez que as palavras e os sinais não apresentam nenhuma semelhança com o dado da realidade que representam), conforme é ilustrado na Figura 2.

Exemplo de iconicidade
em Libras – sinal de telefone
e telefonar

Exemplo de arbitrariedade
em Libras – sinal de queijo

Figura 2 – Exemplos de iconicidade e arbitrariedade em Libras.
Fonte: Favalli (2000)

Em Libras, apresenta-se como exemplo de iconicidade os sinais das palavras "telefone" e "telefonar". Embora icônicos por representar o ato de telefonar, em outras LS pode não ter necessariamente os mesmos aspectos dos referentes "telefone" e "ato de telefonar" como motivação de sua forma. Destaca-se como exemplo de arbitrariedade o sinal de "queijo", que não apresenta relação entre forma e significado, assim como se distancia da semelhança com a realidade representada.

Por meio de princípios básicos organizacionais (aspectos fonológicos, morfológicos, sintáticos e semânticos) e estruturais (configuração de mão – CM, movimento – M, ponto de articulação – PA ou localização – L como primários, orientação das mãos – Or, disposição das mãos, região de contato e expressões não manuais - ENM como secundários) próprios da língua visual-espacial podem-se expressar ideias, sentimentos, emoções, metáforas (Brito, 1995; Quadros; Karnopp, 2004; Rosa, 2008). A geração de estruturas linguísticas, de forma produtiva, possibilita a produção de um número infinito de construções a partir de um número finito de regras (Brito, 1995).

No Brasil, existem duas línguas de sinais: a Língua de Sinais Kaapor Brasileira (LSKB), utilizada pelos índios da tribo Kaapor que se caracterizam pela surdez hereditária; e a Libras, utilizada principalmente em centros urbanos.

Discussões sobre a escrita dos surdos repercutem em pesquisas principalmente no campo da Educação e da Linguística, que refletem aspectos da língua visual-espacial e sua influência na expressão textual da língua portuguesa. Dessa forma, embora muitos considerem as LS ágrafas, existem tentativas que envolvem a grafia das línguas visuais-espaciais por meio do SignWriting, na intenção de possibilitar uma escrita dessa língua.

SignWriting

O SignWriting é um sistema de escrita das LS criado por Valerie Sutton, em 1974, nos Estados Unidos da América e que teve seu uso iniciado na Dinamarca. Esse sistema de escrita originou-se na descrição das danças da coreógrafa e despertou a curiosidade de pesquisadores da LS dinamarquesa que procuravam uma forma de escrever os sinais. De acordo com Quadros (2006), a década de 1970 caracterizou-se como o período de transição do DanceWriting (escrita de danças) para o SignWriting (escrita das LS), isto é, da escrita de danças para a escrita de sinais das LS.

Esse sistema de escrita das LS permite que os surdos escrevam sua própria língua, a LS, expressando-se de forma diferenciada em relação à escrita da língua portuguesa, como segunda língua. Além disso, possibilita a comunicação em LS pelos surdos em qualquer

LS do mundo; escrever e ler os sinais da Libras; e edificar a história como produção cultural e literária na língua materna da comunidade surda, por meio do registro dessa língua visual-espacial.

No Brasil, a publicação do *Dicionário enciclopédico ilustrado trilíngue da Língua de Sinais Brasileira* possibilitou, pela primeira vez no país, a documentação extensa da Libras e a explicação das diretrizes gerais do sistema de escrita da LS – SignWriting em um mesmo material. A aplicação desse sistema ganha maior espaço por causa do fortalecimento da comunidade surda, principalmente após o reconhecimento da LS como meio preferencial de comunicação de pessoas surdas (Capovilla; Raphael, 2001).

A partir da década de 1980, com a divulgação do SignWriting e os avanços tecnológicos, o sistema começou a popularizar-se nos Estados Unidos da América e, atualmente, adquiriu novos formatos. Foi em 1996, de acordo com Quadros (2006), que esse sistema começou ser utilizado no Brasil, enquanto sistema escrito de sinais usado por meio do computador, pelo do dr. Antônio Rocha Costa (PUC-RS) em Porto Alegre (RS).

Para Campos (2002), o sistema SignWriting é uma forma de escrever os sinais utilizando um conjunto de regras, constituindo-se na reprodução escrita do sinal que está sendo feito em LS. Portanto, o sistema é definido por estruturas básicas que se referem às configurações de mãos, aos movimentos, aos contatos e às expressões faciais.

De acordo com Sutton (2006), na LS americana existem dez grupos de símbolos para as mãos, que são agrupados conforme os dedos usados e os movimentos classificam-se em movimentos de mãos e de dedos (Figura 3). As formas de contato são representadas por seis formas de elementos que compõem o sinal com mão, mão com corpo ou mão com cabeça. As expressões faciais em SignWriting baseiam-se no símbolo intitulado "face" com diversas variações divididas também em dez grupos: testa, sobrancelhas, olhos, olhar, bochecha, nariz, boca, língua, dentes e outros.

Considerando toda a estrutura constituinte da representação gráfica da LS é possível encontrar na literatura infantil a aplicação

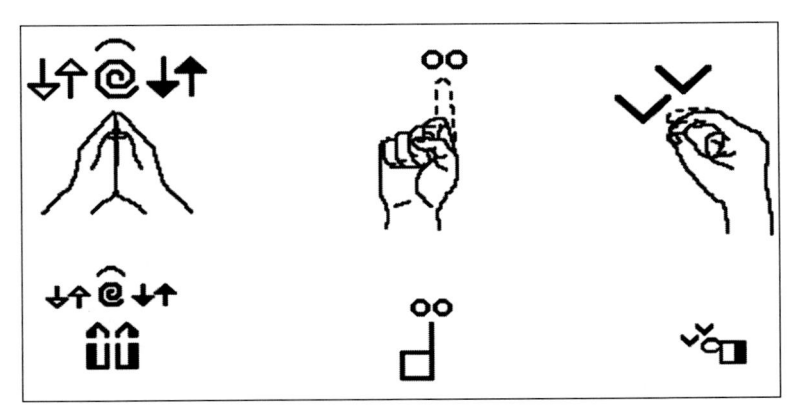

Figura 3 – Exemplos de símbolos de movimentos em SignWriting.
Fonte: Sutton (2006)

do SignWriting. Como exemplo de livro digitalizado e adaptado à escrita em Libras podem ser mencionado *Cachos dourados*, cuja tradução para o SignWriting foi realizada por Marianne Rossi Stumpf (2003). A elaboração desse livro é fruto, entre outros, do grupo de trabalho de Antônio Rocha Costa, que envolve especialmente a professora Marianne Rossi Stumpf (surda, professora na área de Computação na Escola Especial Concórdia) e a professora Márcia Borba Campos (pesquisadora na área da Computação).

Outro exemplo é o trabalho desenvolvido pela Editora da Universidade Luterana do Brasil (Ulbra), com os livros *Cinderela surda, Rapunzel surda, Patinho surdo, O feijãozinho surdo, Adão e Eva surdos*, fruto de pesquisa científica com base nos clássicos da literatura infantil recontados por surdos. Na Figura 4, está destacado um exemplo da interface gráfica com a presença do SignWriting, em versão impressa, do livro *Cinderela surda* (Hessel, Rosa, Karnopp, 2003).

De acordo com Karnopp (2006), os livros de literatura infantil apresentam como foco os sentidos produzidos sobre identidades e diferenças, em que as discussões relacionadas à produção de uma literatura surda estão vinculadas às discussões sobre cultura e iden-

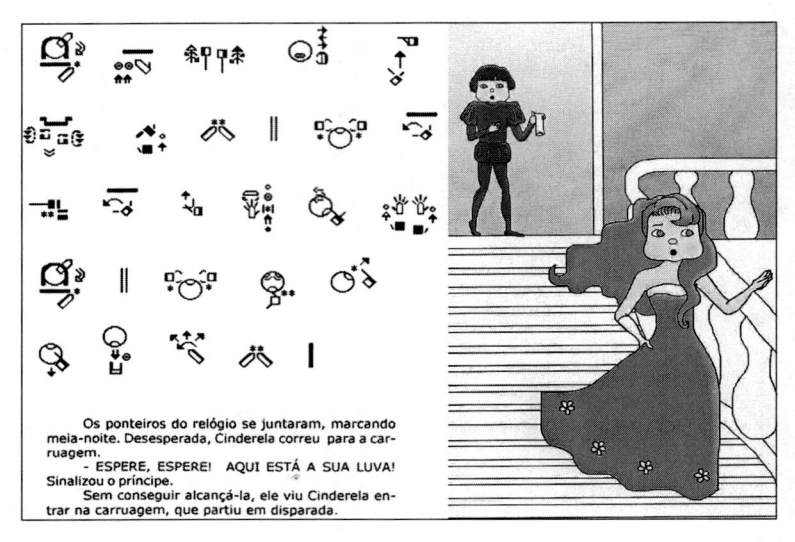

Figura 4 – Aplicação do SignWriting.

Fonte: Hessel, Rosa e Karnopp (2003)

tidade, em busca da autorrepresentação do grupo de surdos por meio do estabelecimento do que reconhecem como suas identidades e suas diferenças. Assim, o uso da língua de sinais e suas formas de narrar as histórias e/ou de adaptar histórias clássicas têm como base suas formas de existência, suas formas de ler, de traduzir, de conceber e de julgar os produtos culturais que consomem e que produzem. Desta forma, afirma a autora, o SignWriting é uma forma de registro das línguas de sinais e raras são as obras literárias produzidas por meio dessa escrita.

As possibilidades de escrita das LS, embora ainda em discussão e com controvérsias, são consideradas recursos de acessibilidade aos surdos. Com isso, o SignWriting representa uma alternativa de representação, tratamento, apresentação e recuperação de informações registradas aos usuários surdos. As informações em diferentes formatos permitem a inclusão digital desses usuários específicos e podem viabilizar melhorias no uso de sistemas informacionais por esses membros de comunidades surdas interativas.

Bilinguismo na surdez

Dentre as possíveis definições de bilinguismo, pode-se considerá-lo como o uso que as pessoas fazem de diferentes línguas em diferentes contextos sociais (Quadros, 2005). O bilinguismo na surdez, no entanto, caracteriza-se pela valorização da LS (L1) como natural ao surdo e a língua portuguesa como segunda língua (L2), de apropriação e mediação social e cognitiva.

Na semiótica, Fernandes e Correia (2005, p.23) consideram que a LS deve ser vista por sua "natureza e peculiaridades de estruturação e representação que são próprias de um sistema significante distinto da linguagem verbal articulada".

O bilinguismo na surdez pode ser considerado como o aprendizado da língua portuguesa pelos surdos em um processo similar ao de uma língua estrangeira. Algumas sensações vivenciadas na aquisição de uma língua estrangeira consideram-se reforçadas no aprendizado da língua portuguesa pelos surdos. Esse processo de ensino-aprendizagem exige metodologias próprias, um ambiente sistematizado.

Os atuais fracassos presenciados na educação dos surdos, dentre outros fatores, ocorrem por causa de ambientes inadequados a seu desenvolvimento linguístico-cognitivo, que devem ser baseados em processos essencialmente visuais distantes do oral-auditivo dos ouvintes. Com isso, considera-se a LS capaz de permitir o acesso à linguagem de forma natural, ou seja, sem impedimentos para sua aquisição pelos surdos.

A naturalidade das LS relaciona-se a seu aprendizado semelhante ao contato dos ouvintes com a língua oral-auditiva, com um processo de aprendizagem que ocorre nas diferentes situações de interação entre os membros das comunidades surdas e os usuários da língua visual-espacial.

Assim, a proposta bilíngue da surdez, baseada nos Estudos Surdos, valoriza a constituição das comunidades, culturas e identidades surdas no planejamento e na construção de ambientes informacionais digitais acessíveis. A presença da LS, seja oral ou escrita, marca o avanço no campo das lutas políticas na área da surdez, no acesso e uso das informações, na democratização do conhecimento e na participação inclusiva de surdos na cultura digital no âmbito da sociedade da informação, entre outros elementos e fatores associados à condição da surdez.

No âmbito da Ciência da Informação, os ambientes informacionais digitais devem focar as necessidades dos usuários e as interfaces que permitem a acessibilidade por parte de diferentes usuários potenciais, independentemente de suas condições sensoriais, linguistas e motoras, incluindo-se os surdos, em específico.

Conforme afirma Karnopp (2006, p.103):

> Além da escrita, outras formas de documentação, como filmagens são fundamentais para o registro de formas lingüísticas que vão se perdendo ou se transformando. Para uma comunidade de surdos manter o leque de possibilidades artísticas e expressões da língua de sinais, os registros visuais são indispensáveis na criação de bibliotecas visuais e podem contribuir para uma escrita posterior, com traduções apropriadas.

Considera-se, nesse contexto, a presença da LS, o SignWriting, as legendas de vídeos em língua portuguesa, a alteração no tamanho da fonte em textos e os contrastes de cores, entre outros elementos de acessibilidade como opções para inclusão de diferentes usuários em ambientes informacionais digitais. Aspectos relacionados aos princípios constituintes da Arquitetura da Informação Digital Inclusiva (Aidi) serão detalhados em seus aspectos teóricos e conceituais no capítulo que segue.

3
PRINCÍPIOS DA ARQUITETURA DA INFORMAÇÃO DIGITAL INCLUSIVA (AIDI)

Arquitetura da informação digital

A expressão "arquitetura da informação" foi utilizada pela primeira vez pelo desenhista gráfico e arquiteto Richard Saul Wurman, na década de 1960, que a definiu como uma estrutura ou mapa de informação, permitindo aos usuários encontrar seus caminhos pessoais para o conhecimento. Formado em Arquitetura de Edificações, Wurman foi considerado o primeiro arquiteto de informações dos Estados Unidos da América (Wurman, 1991; Straioto, 2002; Sarmento Souza, 2002). O interesse de Wurman pela organização, reunião e apresentação das informações no ambiente urbano culminou na ampliação do termo, apresentando-o como a ciência e arte de criar espaços organizados.

A preocupação com a arquitetura da informação em websites apresenta-se como fator determinante na estruturação de interfaces digitais: design da página, design do conteúdo, design do site, acessibilidade e usabilidade desse ambiente informacional digital. Nesse sentido, a arquitetura da informação surge como base conceitual, estrutural e tecnológica capaz de apresentar elementos eficazes ao acesso autônomo e independente de usuários potenciais em ambientes digitais. Os princípios da arquitetura da informação digital aplicam-se em diferentes ambientes digitais, tais como websites e sistemas ou aplicativos hipermídia em suportes de CD ou DVD.

Nielsen (2000) considera que a arquitetura da informação de um site deve ser estruturada para espelhar as tarefas e as visões do espaço de informação ao usuário. Assim, o principal objetivo dos projetos de ambientes web deve ser facilitar o desempenho dos usuários em suas tarefas, pois um site mal projetado pode dificultar a interação do usuário com o sistema informacional, que possui uma quantidade esmagadora de opções e de facilidades.

De acordo com o autor, em geral, os usuários web são impacientes e, se não conseguirem descobrir como usar um website em aproximadamente um minuto, desistem da navegação por concluírem que não vale a pena desperdiçar seu tempo naquela interface.

Para Rosenfeld e Morville (1998, p.11, tradução nossa), o planejamento de um website deve:

– Esclarecer qual a *missão* e a *visão* para o site, equilibrando as necessidades de sua organização patrocinadora e as necessidades de suas audiências.

– Determinar que *conteúdo* e *funcionalidade* o site conterá.

– Especificar como os usuários encontrarão informações no site definindo sua *organização, navegação, classificação e sistemas de busca*.

– Ter mapas de como o site acomodará *mudança* e *crescimento* com o passar do tempo.

Lara Filho (2003, p.6-7) define a arquitetura da informação como "um conjunto de procedimentos metodológicos (e *ecológicos*) que permitem criar ordens num hipertexto visando abrir possibilidades de leituras para um conjunto de documentos". Para o autor, diante da complexidade do hipertexto na web, torna-se necessário planejar e estruturar as informações para que estas tenham sua acessibilidade garantida aos usuários, afirmando que a "arquitetura da informação procura mapear o labirinto imprimindo certo grau de ordem ao hipertexto".

Morville e Rosenfeld (2006) consideram um site como um conjunto de sistemas interligados com dependências complexas, em que um link de uma página pode, simultaneamente, fazer parte da estrutura do site, da organização, da rotulagem, da navegação e da busca. Dessa forma, os autores apresentam como princípios básicos da arquitetura da informação a combinação entre esquemas de organização, rotulagem, navegação e busca, assim como tesauro, vocabulário controlado e metadado em um sistema de informação. Portanto, tem-se:

- Sistema de organização: refere-se a uma maneira lógica de classificação informacional, definindo os tipos de relacionamento entre itens de conteúdos e grupos. Compõe-se pelos esquemas de organização (divisão de itens característicos) e pelas estruturas de organização (define os tipos de relacionamentos entre itens de conteúdos e grupos).

- Sistema de navegação: apresenta a trajetória que o usuário terá disponível no website para acessar cada página com a distribuição de links. Um website com sistema de navegação bem definido e organizado permite ao usuário navegar de um ponto a outro pelo melhor caminho ou pelo caminho de seu interesse, aproveitando melhor seu tempo de acesso e uso das informações.

- Sistema de rotulagem: representa o acesso aos conteúdos, geralmente encontrados em menus e nas barras de navegação. Por meio dos rótulos, os usuários podem decidir qual caminho seguir para chegar às informações desejadas. Assim, o sistema de rotulagem está relacionado ao sistema de organização e navegação de websites.

- Sistema de busca: auxilia a localização e o acesso rápido a informações armazenadas no website. Para recuperar informação, torna-se necessária uma boa descrição, indexação e layout das formas, observando-se como os usuários realizam as buscas antes de colocar em prática o sistema. A relação usuário-necessidade-sistema é que leva ao desenvolvimento de sistemas de busca simplificados ou avançados.

- Tesauro: pode ser definido como dicionário de sinônimos e visa melhorar a navegação e a recuperação da informação dos sites e da intranet. No âmbito da arquitetura da informação, é considerado como uma rede semântica de conceitos, ligando as palavras e seus sinônimos, homônimos, antônimos, termos mais amplos e mais restritos e termos relacionados.

- Vocabulário controlado: pode ser definido como qualquer subconjunto da linguagem natural, caracterizando-se como uma lista de termos equivalentes, sob a forma de sinônimos, lista de termos preferenciais. Define a relação hierárquica entre os termos e, quando bem utilizado e significativo para o usuário, diferencia no resultado da recuperação da informação.

- Metadado: em processamento de dados, fornece informações sobre documentação, documentos sobre dados ou atributos (nome, tamanho, tipo de dados etc.) de um elemento ou dados sobre registros ou estruturas de dados (comprimento, campos, colunas etc.) e dados sobre dados (onde está localizado, como está associado, de propriedade etc.). Pode conter informações descritivas sobre o contexto, a qualidade, a condição ou as características dos dados. Em arquitetura da informação, os metadados são usados para descrever os documentos, os sites, as imagens, os softwares, os arquivos de áudio e vídeo, os objetos e outros conteúdos para melhorar a navegação e recuperação da informação.

O planejamento prévio do website, assim como de qualquer ambiente informacional digital, torna-se fundamental na criação de ambientes acessíveis. Muitos sites são criados por meio de linguagem HyperText Markup Language (HTML), sendo primordial seu mapeamento quanto à área de uso e navegabilidade, tipos de documento (textos, imagens, vídeos, sons), distribuição das informações na página (*frames*), conteúdo significativo para o público-alvo a que se destina. Além disso, em conformidade com Morville e Rosenfeld (ibidem), os desenvolvedores podem e devem usar descrições de conteúdo em metadados em *tags meta*. Essas descrições em *tags* não são exibidas na interface do usuário, mas serão utilizadas pelos buscadores, além de beneficiarem o uso de softwares leitores de tela, considerados como tecnologias assistivas que possibilitam a condição de acesso a usuários com diferença sensorial visual, em específico, em ambiente informacional digital.

A arquitetura da informação é considerada por Nielsen (2000) como um grande avanço, necessário para a projeção de espaços navegacionais de forma estruturada. O autor enfatiza que os sites precisam se basear na arquitetura de informação e nas necessidades dos usuários. Com isso, em conformidade com Morville e Rosenfeld (2006), visualiza-se a intersecção entre usuário-conteúdo-contexto para melhor compreender e atender às necessidades do público-alvo. Sloan (2006) menciona a necessidade de se conhecer o contexto do usuário, o que envolve suas características e habilidades, competências e necessidades tecnológicas.

Considera-se, nesse contexto, a arquitetura da informação como o planejamento estratégico de ambientes informacionais digitais acessíveis para o atendimento das necessidades informacionais de públicos-alvo gerais e específicos, em conformidade com o objetivo e a missão do ambiente. Um planejamento de ambientes informacionais digitais envolve os sistemas de organização, navegação, rotulagem e busca consistentes e flexíveis, assim como o uso de tesauros, vocabulários controlados e de metadados aplicáveis ao princípio de acessibilidade. Além disso, devem-se tornar disponíveis documentos em diferentes formatos, viabilizar aplicações de recursos hipermídia, e deve haver compatibilidade de hardware e software entre sistema e usuário, descrever e representar a informação em metadados e indexar termos que favoreçam a recuperação de conteúdos pelo usuário e pelos sistemas de busca.

A acessibilidade e a navegabilidade em ambientes digitais, que atendam a especificidade de usuários diversos, inclusive os surdos, requerem a introdução de tecnologias de informação e comunicação condizentes com seu planejamento e de forma estratégica. A compatibilidade de hardware e software entre sistema e usuário no ambiente digital é destacada por Straioto (2002) como fundamental na criação de interfaces acessível.

Assim, torna-se evidente a necessidade de estudos que culminem na preocupação com a acessibilidade digital no planejamento de uma arquitetura da informação baseada no desenho universal com o objetivo de melhorar as condições de acesso e uso em ambientes informacionais digitais.

Acessibilidade digital

As iniciativas preliminares referentes à acessibilidade surgiram no período posterior à Guerra do Vietnã, nos Estados Unidos da América. Nessa época os soldados, heróis da guerra, voltavam para casa mutilados ou com alguma deficiência adquirida como resultado dos confrontos, situação que resultou na criação de condições para que essas pessoas pudessem ter uma vida digna e independente.

A criação do Centro de Vida Independente (CVI), em uma atitude de rebeldia dos deficientes contra o controle e a dependência dos profissionais que atuavam nas instituições de reabilitação do Movimento de Vida Independente (MVI), teve como objetivo melhorar a qualidade de vida dessas pessoas que herdaram da guerra mutilações de membros e tetraplegia, por exemplo, a fim de proporcionar-lhes a inclusão social. O primeiro CVI foi fundado na Universidade de Berkeley, na Califórnia, em 1972, por pessoas vítimas graves da Guerra do Vietnã que se organizaram em prol da autonomia, independência e cidadania. Existem várias dessas organizações não governamentais (ONG) espalhadas pelo mundo, as quais direcionam seu trabalho para a autoconfiança, a acessibilidade ambiental e o desenvolvimento da cidadania. Encontram-se, aproximadamente, quinhentos CVIs localizados na América do Norte, América do Sul e Europa. No Brasil, existem vinte CVIs atuando (Oliveira, 2003, CVI-Campinas, 2008).

Com isso, questões relacionadas à acessibilidade ampliaram o espaço físico, sendo incluídas também no ambiente digital. Para Torres, Mazzoni e Alves (2002), a acessibilidade é um processo dinâmico, que se associa ao desenvolvimento da tecnologia e da sociedade em estágios distintos, variando de uma sociedade para outra, conforme a atenção dispensada à diversidade humana e à época em que se encontra. Para os autores, a acessibilidade relaciona-se à apresentação, de maneira integral, de conteúdos informacionais combinados de formas múltiplas de visualização – redundância, sistema automático de transcrição de mídia, uso de tecnologias assistivas (leitores de tela, sistemas de reconhecimento de voz, simuladores de teclado) – que possam maximizar as habilidades dos usuários.

Acrescenta Dias (2003) que a acessibilidade na web significa que qualquer pessoa, com qualquer tipo de tecnologia de navegação (gráficos, textuais, especiais para cegos ou para sistemas de computação móvel), seja capaz de interagir com qualquer site e compreenda inteiramente as informações nele apresentadas.

Nesta pesquisa, a acessibilidade digital é compreendida como a condição de acesso e uso, com autonomia e independência, de sistemas computacionais, ambientes informacionais e meios de comunicação, independentemente das condições sensoriais, linguísticas e motoras dos usuários. Considera-se, portanto, que as barreiras ou obstáculos que dificultem ou impeçam o acesso à informação e a comunicação estejam diretamente relacionados à ausência de elementos de acessibilidade, representação e tratamento inadequado das informações e/ou inconsistência na interface. A integralidade da informação, de forma redundante e consistente, estruturada de forma flexível em ambientes digitais e com design de interfaces condizentes com as necessidades do usuário pode viabilizar o acesso à diversidade de usuários potenciais, relacionando-se a uma das essências do princípio de acessibilidade digital.

Portanto, no decorrer deste livro serão apresentados os elementos de acessibilidade digital, preferencialmente para usuários surdos, com o objetivo de melhorar a qualidade de ambientes informacionais e promover a inclusão digital e social de minorias linguísticas que compõem a comunidade surda.

Em sua aplicação social e tecnológica, Nielsen (2000) afirma que tornar a web mais acessível aos usuários resume-se a, até certo ponto, usar o HTML da forma pretendida para codificar significado em vez de aparência. As informações digitais e on-line oferecem benefícios a usuários com diferentes condições sensoriais, que estimulados pelos computadores, realizam tarefas que seriam difíceis com a tecnologia tradicional. Para o autor, é necessário priorizar a concessão de padrão em sites grandes e planejar uma exposição em estágios da acessibilidade, pois mesmo que não seja possível criar um site totalmente acessível, deve-se ter a responsabilidade de incluir o maior número de recursos de acessibilidade na página.

Para Dias (2003), tornar um portal web acessível possibilita sua indexação de forma mais rápida e precisa pelos mecanismos de busca, fazendo com que os usuários consigam encontrá-lo mais facilmente.

De modo geral, verifica-se a preocupação com a acessibilidade abrangendo políticas públicas, ações governamentais federais e estaduais na realização e financiamento de ações que removam barreiras que impeçam o acesso e o uso das tecnologias de informação e comunicação. A eliminação de barreiras digitais pode possibilitar a inclusão de comunidades excluídas de ambientes informacionais digitais, viabilizando a participação de seus membros em atividades do cotidiano mediadas pelas tecnologias de informação e comunicação com o uso de serviços, produtos e informação.

Guias de acessibilidade *web*

Para estabelecer normas e padrões sobre conteúdos digitais, foram elaborados diversos guias para o desenvolvimento de interfaces acessíveis. Uma das maiores iniciativas para a promoção de acessibilidade na internet é a Iniciativa de Acessibilidade Web (Web Accessibility Initiative – WAI), da World Wide Web Consortium (W3C), organização que estabelece inúmeros padrões para a internet, como o protocolo HyperText Transfer Protocol (HTTP) e a linguagem de marcação HTML.

O crescimento da web como importante fonte de informação – educação, emprego, governo, comércio, saúde, recreação, entre outros – requer como fator essencial a acessibilidade digital como possibilidade de promoção equitativa de acesso e oportunidade para os usuários. A acessibilidade web significa que qualquer pessoa pode navegar e interagir, assim como contribuir com esse ambiente digital, independentemente de suas condições sensoriais, linguísticas e motoras. Da mesma forma, as tecnologias digitais empregadas nesses ambientes possibilitam a eliminação de algumas barreiras de acessibilidade (W3C, 2005a).

De acordo com as terminologias do W3C (ibidem), consideram-se como conteúdo web informações em páginas ou aplicações que incluem textos, imagens, formas, sons e outros. Os softwares web referem-se a web browsers (*media players* e outros agentes do usuário), *authoring tools* (ferramentas para criação de websites), *evaluation tools* (ferramentas de validação de acessibilidade web de acordo com os padrões e guias do W3C/WAI).

Os recursos de desenvolvimento e interação que permitem a acessibilidade na web são: conteúdo (páginas e aplicações web), que inclui linguagem natural (imagem, texto e som) e códigos ou marcações que definem estrutura, apresentação, entre outros; web browsers, *media players* e agentes do usuário – tecnologias digitais; tecnologias assistivas; conhecimento dos usuários, experiência, estratégias de adaptação usando a web; desenvolvedores; ferramentas de autoria; ferramentas de avaliação de acessibilidade web (idem, 2006a).

Na Figura 5, apresenta-se o relacionamento entre os recursos necessários para o desenvolvimento de conteúdos web. Os desenvolvedores precisam de ferramentas de autoria e avaliação de acessibilidade digital, e os usuários de tecnologias assistivas e digitais (*browsers, media players*) para usufruírem da acessibilidade em ambientes informacionais digitais, com destaque para a web.

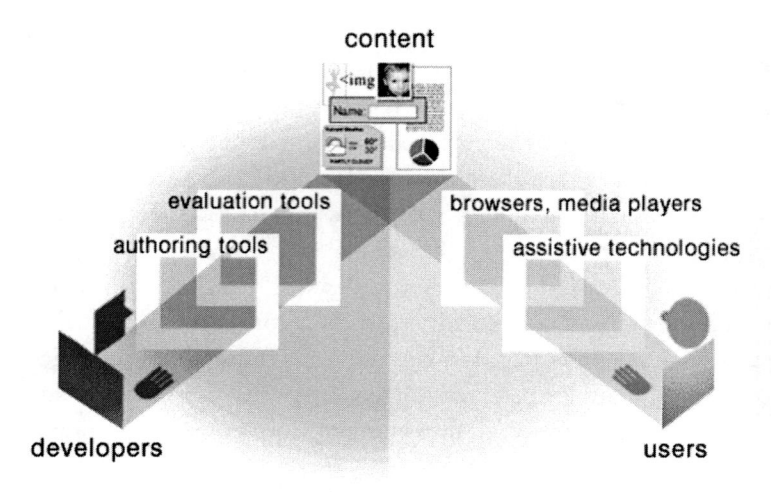

Figura 5 – Relacionamento entre os recursos de desenvolvimento de acessibilidade digital.

Fonte: W3C (2006a, p.2)

O W3C/WAI apresenta três guias essenciais para a composição da acessibilidade web: o Guia de Acessibilidade para o Conteúdo Web (*Web Content Accessibility Guidelines* – WCAG), o Guia de Acessibilidade para Ferramentas de Autoria (*Authoring Tool Accessibility Guidelines* – ATAG) e o Guia de Acessibilidade para Agentes do Usuário[1] (*User Agent Accessibility Guidelines* – UAAG).

De acordo com o W3C/WAI, acessibilidade significa alcançar uma ampla proporção de pessoas com diferentes condições sensoriais, incluindo cegueira e baixa visão, surdez, dificuldades de aprendizagem, fotossensibilidade entre outros.

---

1 Software para acessar conteúdo web e que inclui navegadores gráficos para estações de trabalho, navegadores de texto, de voz, de telefones celulares, assim como leitores de hipermídia, suplementos para os navegadores e software de tecnologia de apoio utilizado em conjunto com os navegadores, como, por exemplo, os leitores de tela e os programas de reconhecimento de voz. Disponível em: <http://www.geocities.com/claudiaad/acessibilidade_web.html>. Acesso em: 12 jan. 2007.

Guia de Acessibilidade para o Conteúdo Web

O Guia de Acessibilidade para o Conteúdo Web (*Web Content Accessibility Guidelines* – WCAG) é um documento que explica como tornar o conteúdo web acessível para pessoas com diferentes condições sensoriais, linguísticas e motoras, como, por exemplo, os surdos. O conteúdo web refere-se às informações nas páginas ou inscrições na web, que incluem textos, imagens, formas, sons entre outros (idem, 2005d).

A primeira versão do guia – o WCAG 1.0 –[2] foi publicada em 1999, caracterizando-se como um documento de referência mundial para a acessibilidade na internet. O documento é apresentado como uma ferramenta para que os criadores de websites saibam como tornar as páginas web acessíveis à diversidade de usuários que acessam conteúdos web. O WCAG 1.0 é composto por quatorze normas abordando dois temas gerais: assegurar uma transformação harmoniosa, descrita nas doze primeiras regras, e tornar o conteúdo compreensível e navegável, tema tratado nas duas últimas normas (idem, 1999).

No entanto, em 27 de abril de 2006, o W3C/WAI lançou o WCAG 2.0,[3] que contém princípios, guias e critérios que definem e explicam como tornar as informações web e os softwares mais acessíveis. A segunda versão do WCAG foi desenvolvida para aplicar diferentes tecnologias na web (idem, 2006b).

O objetivo do WCAG 2.0 é atender a maioria de usuários, inclusive idosos, proporcionando acesso ao conteúdo web por meio de diversos dispositivos, os quais envolvem uma ampla variedade de tecnologias assistivas. A nova versão do W3C/WAI – WCAG 2.0

---

2 O conteúdo, na íntegra, do WCAG 1.0 encontra-se disponível no endereço: <http://www.w3.org/TR/WAI-WEBCONTENT/>. Acesso em: 9 jul. 2007.

3 O conteúdo, na íntegra, do WCAG 2.0 encontra-se disponível no endereço: <http://www.w3.org/TR/WCAG20/>. Acesso em: 10 mar. 2007. Em 2008, ocorreram novas realizações, evidências e critérios nas diretrizes do WCAG 2.0 por parte do trabalho realizado pelos desenvolvedores web.

foi desenvolvida para aplicação em diferentes tecnologias da web, para tornar o ambiente mais fácil de entender e de usar baseado em quatro princípios e treze guias de acessibilidade.

Guia de Acessibilidade para Ferramentas de Autoria

O Guia de Acessibilidade para Ferramentas de Autoria (*Authoring Tool Accessibillity Guidelines* – ATAG) apresenta softwares e serviços utilizados pelos desenvolvedores de páginas e conteúdos web. O ATAG é composto por ferramentas de autoria que auxiliam os desenvolvedores de websites a produzirem conteúdos web acessíveis e em conformidade com o WCAG.

Existem disponíveis as seguintes ferramentas de autoria web: ferramentas de edição especialmente designadas para os produtores de conteúdos web (HTML, Extensible Markup Language – XML); ferramentas que oferecem opções de como salvar o conteúdo no formato web; ferramentas que transformam documentos no formato web (HTML); ferramentas que produzem hipermídia para a web; ferramentas para gestão ou publicação de sites; ferramentas para gestão de layout; websites aos quais os usuários adicionam conteúdos.

O ATAG tem duas versões: a versão 1.0, publicada em fevereiro de 2000, e a versão 2.0, publicada em dezembro de 2006, desenvolvida para ser compatível com o WCAG 2.0 (W3C, 2007a).

Guia de Acessibilidade para Agente do Usuário

O Guia de Acessibilidade para Agente do Usuário (*User Agent Accessibility Guidelines* – UAAG) explica como tornar o documento acessível a agentes do usuário para pessoas com diferentes condições sensoriais, linguísticas e motoras, para aumentar a acessibilidade ao conteúdo web. Os agentes do usuário incluem: *browsers* web, *media players*, tecnologias assistivas, softwares que alguns usuários usam para interagir com o computador.

O UAAG 1.0, publicado em dezembro de 2002, contém como pontos de verificação: o acesso a todo o conteúdo; o controle do usuário sobre como o conteúdo é interpretado; o controle do usuário em relação à interface; e os padrões para a criação de interfaces que permitam a interação com tecnologias assistivas (W3C, 2005b). Em fevereiro de 2007 foi lançada uma nova versão desse guia, o UAAG 2.0.

Relacionados aos recursos necessários para o desenvolvimento de conteúdos web, os três guias de acessibilidade web apresentados (WCAG, ATAG e UAAG) desenvolvidos pelo W3C/WAI são representados na Figura 6. Destacam-se nessa figura as especificações técnicas dos guias de acessibilidade: HyperText Markup Language (HTML), Extensible Markup Language (XML), Cascading Style Sheets (CSS), Scalable Vector Graphics (SVG), Synchronized Multimedia Integration Language (SMIL) etc. em relação aos desenvolvedores e aos usuários dos sistemas informacionais.

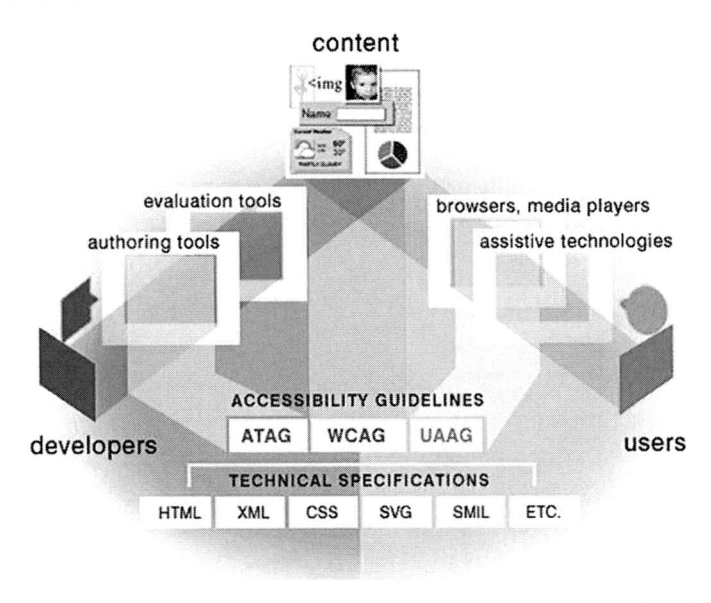

Figura 6 – Diferentes componentes para os guias de acessibilidade digital.
Fonte: W3C (2006a, p.5)

Em conformidade com o W3C/WAI (2006a), a falta de suporte para acessibilidade em um componente não pode ser compensada por outro, o que resulta em ausência de qualidade no acesso no website quanto ao atendimento das necessidades informacionais dos usuários. Estudo realizado por Parmanto e Zeng (2005) apontou que apenas 8,81% dos websites estão em conformidade com as prioridades do WCAG 1.0.

Os componentes para os guias de acessibilidade digital devem ser colocados em prática de forma paralela para obter ganhos para o usuário. A Figura 6 representa as especificações técnicas que viabilizam a aplicação dos guias de acessibilidade para o conteúdo, de criação e de avaliação web para que desenvolvedores possam disponibilizar conteúdos informacionais digitais acessíveis à diversidade de usuários interativos.

Acessibilidade do governo eletrônico brasileiro – e-Gov

As iniciativas de acessibilidade do governo eletrônico fortalecem-se pelos contrastes sociais, culturais e tecnológicos com o objetivo de reduzir as diferenças com melhorias na qualidade dos serviços oferecidos por vias eletrônicas. De acordo com o Relatório de Planejamento Estratégico (Brasil, 2004b), esse projeto deve estar vinculado aos programas de combate à fome, à violência, de erradicação da pobreza e de incentivo à cultura popular como uma ferramenta moderna de resgate da cidadania perdida.

Os comitês técnicos, no âmbito do Comitê Executivo do Governo Eletrônico (Cege), têm como finalidade coordenar e articular o planejamento de projetos e ações nas áreas de realização do software livre, inclusão digital, integração de sistemas, sistemas legados e licenças de software, gestão de sites e serviços on-line, infraestrutura de rede, gestão de conhecimento e informação estratégica. Essas metas estão descritas no Relatório de Planejamento Estratégico do Governo do Estado de São Paulo (2004) como resultado do processo de planejamento realizado pelos comitês técnicos para a condução das ações do governo eletrônico.

A inclusão digital, nesse relatório publicado em 2004, é considerada como elemento constituinte da política do governo eletrônico. A inclusão digital é compreendida como o "direito de cidadania e, portanto, objeto de políticas públicas para sua promoção", e está relacionada à utilização "de tecnologia da informação pelas organizações da sociedade civil em suas interações com os governos, o que evidencia o papel relevante da transformação dessas mesmas organizações pelo uso de recursos tecnológicos" (Brasil, 2004b, p.12-4).

O governo eletrônico orienta-se por diversos preceitos que envolvem a construção de uma infraestrutura de inclusão digital, com modelos e diretrizes inclusivas, com políticas e materialização de ações em nível de governo federal para garantir a acessibilidade universal, com a construção de uma infraestrutura apropriada para a redução das desigualdades (idem, 2005b).

O sucesso da iniciativa do e-Gov depende da definição de publicações, políticas, sistemas, padrões, normas e métodos que sustentem as ações e realizações planejadas. Para esse desafio o e-Gov definiu normas e padrões para a infraestrutura, estabeleceu padrões de interoperabilidade e de desenvolvimento de novos sistemas e elaborou integralmente o conjunto de políticas correlacionadas ao governo eletrônico para promover a integração de sites e serviços on-line.

Com isso, surgiu o Manual para Acessibilidade em Ambientes Web (2005c), que apresenta as recomendações de acessibilidade para os serviços e-Gov com o objetivo de estabelecer um conjunto de requisitos mínimos para compor o padrão e-poupatempo de acessibilidade em páginas web.

O manual foi elaborado em conjunto com a Casa Civil, da Fundação do Desenvolvimento Administrativo (Fundap), da Companhia de Processamento de Dados do Estado de São Paulo (Prodesp), por meio da Superintendência Poupatempo e da Rede Saci – Cecae/Universidade de São Paulo, projeto que visa estimular a inclusão social e digital, a melhoria da qualidade de vida e o exercício da cidadania por pessoas com diferentes condições sensoriais, linguísticas e motoras.

As recomendações de acessibilidade desse manual pretendem estabelecer um padrão comum de qualidade quanto à acessibilidade web, o que requer trabalho associado, desde a fase inicial do projeto do site, no processo de revisão, na criação de protótipos e realização de testes com usuários para que se possam atingir as metas determinadas.

De acordo com o manual do e-Gov, as dificuldades encontradas por minorias linguísticas surdas, em específico, envolvem a necessidade de representação visual das informações sonoras apresentadas no site. Com isso, sugerem-se no manual, como recurso a esses usuários, as legendas (*closed caption*) e mensagens de erro piscantes ao invés de sonoras, as quais são descritas aos desenvolvedores de ambientes digitais de forma técnica no decorrer do documento.

Para verificar a acessibilidade nos websites, o documento recomenda os softwares que analisam as páginas web e indicam todos os pontos em desacordo com as especificações determinadas. O avaliador de acessibilidade em âmbito nacional indicado é o Da Silva (Da Silva, 2008), e o internacional, o Bobby Approved (Bobby, 2008).

Em dezembro de 2005, o Departamento do Governo Eletrônico, em parceria com a ONG Acessibilidade Brasil, publicou as Recomendações de Acessibilidade para a Construção e Adaptação de Conteúdos do Governo Brasileiro na Internet, o "e-MAG, Acessibilidade de Governo Eletrônico – Cartilha Técnica" (Brasil, 2005a). Essa iniciativa conta com um modelo baseado no conjunto de recomendações do W3C/WAI, para tornar acessíveis os conteúdos do governo brasileiro publicados na internet. Todavia, o modelo tem uma visão própria e singular, com indicações simples e prioridades adaptadas à realidade nacional.

A garantia de acessibilidade e a atribuição do selo de aprovação pelo validador de websites dependem do atendimento às conformidades do e-MAG, associadas ao Decreto de Acessibilidade[4] (Brasil, 2004a). Além disso, as recomendações do governo eletrônico re-

---

4 O Decreto n. 5.296, de 2 de dezembro de 2004, regulamenta as leis n. 10.048/00 e n. 10.098/00. Esse arcabouço legal, constituído de nove capítulos e 72 artigos, disciplina o assunto da acessibilidade em diversos ambientes. Todavia, no Capítulo VI, destinado ao acesso à informação e comunicação, encontram-se treze artigos, entre os quais apenas o Art. 47 refere-se à acessibilidade web, com destaque aos portais e sites eletrônicos da administração pública na rede mundial de computadores para o uso das pessoas com problemas visuais. No que diz respeito à acessibilidade na surdez, encontra-se regulamentação para o acesso ao serviço de telefonia e legendas ocultas na televisão, de forma específica e restrita.

querem informações sobre a acessibilidade do site, com endereço de correio eletrônico do responsável por sua concepção, para contato em caso de dificuldades de acesso.

O Departamento do Governo Eletrônico brasileiro, em parceria com a Organização da Sociedade Civil de Interesse Público (Oscip) Acessibilidade Brasil, no intuito de viabilizar a adoção da acessibilidade pelos órgãos do governo, desenvolveu o Avaliador e Simulador de Acessibilidade (Ases), um programa livre, multiplataforma, que pode avaliar, simular e corrigir a acessibilidade de páginas, sites e portais. Esse programa é distribuído gratuitamente sob a licença Lesser General Public License (LGPL-GNU) para os usuários brasileiros e pode ser baixado no portal do governo eletrônico.

A ferramenta pode avaliar a acessibilidade (e-MAG e WCAG), CSS, HTML (4.01 e XHTML), simular leitor de tela (tempo) e baixa visão (daltonismo, miopia, catarata), além de ser um recurso para selecionar o DocType, conteúdo alternativo, associador de rótulos, links redundantes, corretor de eventos e preenchimento de formulários (Brasil, 2008).

A validação da acessibilidade pode ser realizada por meio da revisão humana e por ferramentas automáticas/softwares. Os métodos automáticos são rápidos, mas incapazes de identificar todas as facetas da acessibilidade, que podem ser revisadas pela avaliação humana, no intuito de ajudar a garantir a clareza da linguagem e a facilidade da navegação.

As ferramentas de validação automática de acessibilidade verificam o código fonte de páginas web em relação aos padrões HTML e CSS e às recomendações do próprio W3C/WAI para essas técnicas. A validação de códigos é importante em uma avaliação de acessibilidade, pois as tecnologias assistivas baseiam-se em codificação válida para interpretar e traduzir corretamente as páginas. O W3C Validators (W3C, 2007b) é o avaliador automático do W3C, sendo o Bobby Approved o primeiro que surgiu para avaliação de ambientes web, e o Da Silva, pioneiro na validação de acessibilidade em língua portuguesa do Brasil, funcionando também em língua inglesa e na língua portuguesa de Portugal. O Da Silva foi desenvolvido pela Acessibilidade Brasil para disseminar os princípios de acessibilidade do W3C/WAI em websites. Os selos validadores de acessibilidade em websites são atribuídos conforme os níveis de prioridade atendidos no ambiente avaliado. Para receber o selo de validação o ambiente deve passar por uma avaliação automática. A atribuição dos selos de acessibilidade está relacionada ao atendimento das recomendações do WCAG--W3C/WAI. Os selos podem ser A, Duplo A ou Triplo A, conforme níveis de prioridade atendidos na descrição das recomendações do WCAG ou nele inspirado. Existem outros selos atribuídos de acordo com a validação da linguagem de marcação e das folhas de estilo do sistema avaliado. Os validadores automáticos, em grande maioria, encontram-se disponíveis gratuitamente na internet.[5]

Usabilidade digital

A expressão "usabilidade" começou ser utilizada no início da década de 1980, principalmente nas áreas de Psicologia e Ergonomia, em substituição ao termo vago e subjetivo em inglês "user--friendly" (traduzido para o português como "amigável"). A primeira norma que definiu o termo foi a ISO/IEC 9126 (1991), sobre as qualidades do software, que possibilitou que a expressão fizesse parte do vocabulário técnico de áreas como a Tecnologia da Informação e Interação Homem-Computador. Todavia, somente em 1998 o conceito foi redefinido na norma ISO/IEC *Final Committee Draft* (FCD) 9126-1. Nessa ocasião, foram incluídas as necessidades do usuário e definidas as características de qualidade de software (funcionalidade, confiabilidade, eficiência, possibilidade de manutenção e portabilidade).

A norma ISO 9.999 define "usabilidade em função da eficiência, eficácia e satisfação com a qual os usuários podem alcançar seus

---

5 Outros validadores e ferramentas estão disponíveis em: <http://www.w3.org/WAI/ER/existingtools.html>. Acesso em: 10 jan. 2007.

objetivos em ambientes específicos, quando utilizam determinado produto ou serviço" (Torres; Mazzoni, 2004). Para Dias (2003), na interatividade com um sistema a eficácia é a principal motivação de uso para o usuário, pois se aquele é fácil de aprender e usar, torna--se agradável ao usuário. A eficiência define-se pela quantidade de tempo de resposta do sistema, pelo tempo total para realizar uma tarefa específica ou pela quantidade de erros ocorridos. A satisfação do usuário está relacionada às percepções, aos sentimentos e às opiniões a respeito do sistema, que podem ser mapeadas a partir de questionamentos escritos ou orais feitos aos próprios usuários.

A usabilidade representa o grau de facilidade de uso de um produto para um usuário que ainda não esteja familiarizado com ele e requer a satisfação de um público específico, em conformidade com Torres e Mazzoni (2004). Dias (2003) complementa que o mesmo sistema pode ser excelente para alguns usuários e inadequado para outros. Portanto, a qualidade de interação entre usuário e sistema depende tanto das características do sistema quanto do usuário (Dias, 2003; Torres; Mazzoni, 2004), assim como das condições de uso.

Nesse sentido, a usabilidade visa garantir o funcionamento de um sistema de forma adequada, provendo os meios e as funcionalidades necessárias para garantir seu uso por parte do usuário.

No âmbito web, os usuários experimentam a usabilidade de um site antes de se comprometerem a usá-lo e antes de gastarem dinheiro em possíveis aquisições. Isso deixa clara a importância da usabilidade como preocupação para o webdesign (Nielsen, 2000).

Neste trabalho, a usabilidade é apresentada como a qualidade de uso em relação ao grau de satisfação, eficácia e eficiência atestada por diversos usuários na interação com o design de interface com introdução de elementos de acessibilidade. A qualidade de uso pode ser verificada pelo comportamento do usuário diante da interface e por meio de sua percepção na navegação, com autonomia e independência, na recuperação e busca por informações no ambiente informacional digital.

Dias (2003, p.29-38), em conformidade com Nielsen (1993), descreve cinco atributos da usabilidade:

- Facilidade de aprendizado – o sistema deve ser fácil de aprender de tal forma que o usuário consiga rapidamente explorá-lo e realizar suas tarefas com ele;
- Eficiência de uso – o sistema deve ser eficiente a tal ponto de permitir que o usuário, tendo aprendido a interagir com ele, atinja níveis altos de produtividade na realização de suas tarefas;
- Facilidade de memorização – após um certo período sem utilizá-lo, o usuário não frequente é capaz de retornar ao sistema e realizar suas tarefas sem a necessidade de reaprender como interagir com ele;
- Baixa taxa de erros – em um sistema com baixa taxa de erros, o usuário é capaz de realizar tarefas sem maiores transtornos, recuperando erros, caso ocorram;
- Satisfação subjetiva – o usuário considera agradável a interação com o sistema e se sente subjetivamente satisfeito com ele.

A autora acrescenta dois novos atributos de usabilidade:

- Consistência – tarefas similares requerem sequências de ações similares, assim como ações iguais devem acarretar efeitos iguais. Usar terminologia, layout gráfico, conjunto de cores e fontes padronizadas também são medidas de consistência;
- Flexibilidade – refere-se a variedades de formas com que o usuário e o sistema trocam informações. (Dias, 2003, p.36-7)

Os atributos de usabilidade representam aspectos fundamentais a serem considerados na construção de ambientes informacionais digitais. O usuário, diante de interfaces de websites que não consegue utilizar, desiste e busca as informações que deseja em outra página. Nielsen (2000) considera duas regras importantes para o site: ter uma estrutura e fazer que ela reflita a visão de seus principais usuários, suas informações e seus serviços.

A avaliação do contexto é fator essencial na criação de um ambiente informacional digital. Para Dias (2003, p.43), o "levantamento de informações a respeito dos usuários (potenciais e reais) do sistema, das tarefas que eles realizam e do ambiente onde ocorre a interação entre usuário e sistema" é condição necessária para se avaliar a usabilidade digital.

Os estudos de usabilidade realizados pela Nielsen Norman Group resultam em aprofundadas análises realizadas desde a década de 1990, as quais promovem reflexões fundamentais para compreender a relevância dos testes com usuários. Nielsen e Loranger (2007) mencionam que houve um crescimento significativo na quantidade de sites na Internet, e que alguns deles modificaram suas interfaces preocupados com a usabilidade e baseados nas diretrizes publicadas pela Nielsen Norman Group. No entanto, afirmam que provavelmente o nível de 100% de sucesso nunca haverá, embora "se as tendências atuais persistirem e os sites investirem mais em usabilidade, devemos nos aproximar de 100% em torno de 2015." (Nielsen; Loranger, 2007, p.24). Isso não significa que a perfeição será atingida. Os autores destacam que a taxa de sucesso na década de 1990 poderiam ser mensuradas em torno de 40% e, atualmente, os testes de usabilidade apresentam taxas de 66%, sendo este um "excelente avanço".

Nielsen (2000, p.18) pontua diversos aspectos que viabilizam a criação de um ambiente web com qualidade de uso (usabilidade), entre os quais se destacam o design da página, o design do conteúdo, o design do site e a acessibilidade para usuários com diferentes condições sensoriais, linguísticas e motoras. O autor destaca que:

> O design do site, contudo, é muitas vezes mais importante para a usabilidade, pois os usuários nunca chegarão perto de páginas corretas, a menos que o site seja estruturado de acordo com as necessidades do usuário e contenha um esquema de navegação que permita às pessoas descobrirem o que desejam.

Para Ferreira e Nunes (2008, p.20-21) "nos sistemas orientados para a usabilidade, a informação deve fluir naturalmente, sem deter a atenção do usuário, permitindo-lhe, desse modo, dedicar-se exclusivamente àquilo que ele pretende realizar". Com isso, a partir da fundamentação sobre a relevância da usabilidade, assim como as dificuldades em implementá-la, os autores apontam como sendo problemas de usabilidade as características "que possam retardar, prejudicar ou inviabilizar a realização de uma tarefa, que aborrecem, constrangem e, às vezes, traumatizam o usuário." Portanto, a usabilidade demanda a interação humano-máquina e deve focar o usuário.

Avaliar a usabilidade de um site ou sistema interativo consiste na verificação do "desempenho (eficácia e eficiência) da interação homem-computador e obter indícios do nível de satisfação do usuário, identificando problemas de usabilidade durante a realização de tarefas específicas em seu contexto de uso" (Dias, 2003, p.42).

Contudo, aspectos relacionados à usabilidade digital requerem a verificação das características dos usuários, dos sistemas informacionais e do conteúdo a ser acessado. Portanto, no caso da surdez a avaliação da qualidade de uso dependerá do ambiente digital, seu objetivo e missão, assim como o público-alvo que pretende atingir e o design do site, com a aplicação de elementos de acessibilidade para o atendimento das necessidades específicas de seus usuários potenciais.

Desenho universal

O desenho universal (*design for all, universal design*, desenho para todos) constitui-se como "o processo de criar produtos, comercialmente viáveis, que possam ser usados por pessoas com as mais variadas habilidades, operando em situações (ambientes, condições e circunstâncias) as mais amplas possíveis" (Dias, 2003, p.104). Incorpora-se a esse conceito os espaços, artefatos e produtos que visam atender todas as pessoas simultaneamente, com diferentes características antropométricas e sensoriais, com autonomia, segurança e conforto, que se constitui nos elementos ou soluções que compõem a acessibilidade (Brasil, 2004a).

Considera-se um projeto baseado no desenho universal como um benefício aos usuários, configurando-se a partir de sete princípios, de acordo com o Centro de Design Universal, da Universidade Estadual da Carolina do Norte (EUA) (Dias, 2003; Brasil, 2007):

1. Uso equitativo: o design é passível de utilização por qualquer grupo de usuários e oferece as mesmas condições de uso a todos;
2. Flexibilidade no uso: o design atende a uma ampla variedade de usuários, preferências, habilidades e oferece mais de uma opção de uso;
3. Uso simples e intuitivo: o uso do design é de fácil compreensão, independentemente da experiência, conhecimento ou habilidade do usuário;
4. Informação perceptível: o design comunica eficazmente a informação necessária ao usuário, independentemente das condições ambientais e habilidades do usuário;
5. Tolerância a falhas: o design minimiza o risco e as consequências adversas de ações involuntárias ou imprevistas;
6. Baixo esforço físico: o design pode ser utilizado de forma eficiente e confortável, sem gerar fadiga, tarefas repetitivas, manipulações complexas e proposições desconfortáveis;
7. Dimensão e espaço para uso e interação: o design oferece espaços e dimensões apropriados para interação, alcance, manipulação e uso, independentemente da mobilidade, postura e tamanho do corpo do usuário.

Para Dias (2003), além desses princípios, um bom design depende da estética, do custo, da segurança e da adequação cultural e de gênero como fatores essenciais no desenvolvimento de um ambiente baseado no desenho universal.

Neste trabalho, o desenho universal é considerado um princípio que favorece as condições de acesso às informações digitais, fator simplificador a ser considerado nos sistemas de navegação, recuperação e busca por usuários com diferentes condições sensoriais, linguísticas e motoras. O desenho universal, em ambiente informacional digital, requer planejamento e estruturação da arquitetura da informação digital, com elementos de acessibilidade e usabilidade aplicados ao atendimento de uma ampla variedade de usuários potenciais.

O Modelo para Análise e Desenvolvimento de Ambientes Informacionais Digitais Inclusivos (Madaidi) proposto neste livro visa atender ao desenho universal na apropriação de elementos de acessibilidade que possibilitem as condições de acesso e uso a usuários pertencentes a comunidades surdas exigentes e interativas em especial, embora possa atender a usuários com diferentes condições sensoriais e motoras, assim como as habilidades e preferências de demais usuários potenciais.

Tecnologias assistivas

As tecnologias assistivas (também denominadas de adaptativa ou ajuda técnica) constituem-se como todo recurso tecnológico desenvolvido para permitir o aumento da autonomia e independência nas atividades domésticas ou ocupacionais de vida diária das pessoas.

Tecnologias assistivas são os produtos, os instrumentos, os equipamentos e as tecnologias adaptadas ou projetadas para melhorar a funcionalidade das pessoas, independentemente de suas condições sensoriais, mobilidade reduzida ou idade, que deve favorecer a autonomia pessoal, total ou assistida (Brasil, 2004a).

A aplicação de tecnologias assistivas envolve uma série de possibilidades do desempenho humano, como tarefas de autocuidado e atividades de lazer e de trabalho (Neto; Rollemberg, 2005). Os autores afirmam que o uso de tecnologias assistivas no Brasil é restrito pelos seguintes motivos: falta de conhecimento do público usuário a respeito das tecnologias disponíveis; falta de orientação aos usuários pelos profissionais da área de reabilitação; alto custo; carência de produtos no mercado; falta de financiamento para pesquisa; ausência de políticas públicas de incentivo ao desenvolvimento de tecnologias assistivas, entre outros.

No contexto deste livro, consideram-se tecnologias assistivas os *softwares* pensados, criados e disponíveis para facilitar a vida das pessoas com diferentes condições sensoriais, linguísticas e motoras, em especial minorias linguísticas, que valorizem a perspectiva bilíngue da surdez e as formas de representação da Língua de Sinais (LS) como uma língua visual-espacial. Esses softwares, como sistemas computacionais, visam propiciar aos usuários surdos, em específico, uma vida independente, produtiva e autônoma. Os softwares internacionais SignStream e iCommunicator são alguns exemplos de tecnologias assistivas disponíveis para usuários com problemas auditivos. Para os demais usuários com problemas visuais existem, por exemplo, softwares leitores de tela, e para aqueles com mobilidade reduzida, softwares que acionam ambientes digitais por meio do sopro e/ou da íris dos olhos, por exemplo.

Tecnologias digitais

Para Silva (2004), as tecnologias digitais possibilitam a distribuição instantânea e global de ideias, o que envolve mudanças sociais advindas de seus impactos como desenvolvimento de novas formas de cultura.

No âmbito web, as tecnologias digitais são representadas por softwares web browsers (agentes do usuário), ferramentas para criação de websites e ferramentas de validação de acessibilidade web (conformidade com os padrões e guias do W3C/WAI) (W3C, 2005a).

Portanto, neste trabalho as tecnologias digitais são consideradas como representantes da infraestrutura de sistemas informacionais, preparados para a introdução, alteração e substituição de recursos de acessibilidade. As tecnologias digitais, em um ambiente projetado no intuito de atender aos princípios do desenho universal, são recursos tecnológicos e informacionais, com protocolos de transferência que garantam a interoperabilidade entre sistemas de informação, descrição de informações (forma e aparência) em metadados, de acordo com normas e padrões de acessibilidade, além de possibilitar a compatibilidade de softwares e hardwares entre ambientes informacionais digitais e usuários potenciais.

No ambiente digital, as tecnologias digitais constituem aspectos fundamentais no tratamento, representação, distribuição, disseminação, acesso e uso de informações. Davenport (1998, p.218) considera que os domínios das tecnologias de informação possam se expandir e oferecer opções viáveis aos usuários, tendo como elemento tecnológico-chave o padrão. O autor considera a arquitetura tecnológica como "padrões [que] asseguram que computadores e redes possam conectar-se e comunicar-se". A arquitetura informacional permite um "amplo acesso à informação e fácil interpretação e uso". Todavia, "um dos padrões mais importantes da arquitetura da informação envolve documentos".

Considera-se a aplicação adequada das tecnologias digitais como requisito para a criação de ambientes digitais que visam a participação inclusiva, autônoma e independente de usuários com diferentes condições sensoriais e motoras, em especial de surdos. Essas tecnologias compõem a infraestrutura de um ambiente informacional digital na organização, representação e disseminação de informações com qualidade de uso.

Esquema da Arquitetura da Informação Digital Inclusiva (Aidi)

No âmbito da arquitetura da informação, neste capítulo foram considerados os apontamentos de Rosenfeld e Morville (1998), Nielsen (2000), Straioto (2002) e Camargo (2004), Morville e Rosenfeld (2006), Nielsen e Loranger (2007) e Ferreira e Nunes (2008) para o planejamento de um ambiente informacional digital. Para os princípios de acessibilidade e usabilidade, foram estudados Nielsen (2000, 2002), Torres; Mazzoni e Alves (2002), Dias (2003), Torres e Mazzoni (2004), Nielsen e Loranger (2007), Ferreira e Nunes

(2008). Quanto ao desenho universal, consideraram-se Dias (2003) e Brasil (2004a, 2007). Relacionado às tecnologias assistivas, estudaram-se Brasil (2004a), Neto e Rollemberg (2005). E quanto às tecnologias digitais, foram considerados Davenport (1998), Lévy (1999) e Silva (2004).

Os valores conceituais dos termos arquitetura da informação, acessibilidade, usabilidade, tecnologias assistivas, tecnologias digitais e desenho universal entrelaçados no planejamento e na estruturação de ambientes digitais visam promover espaços inclusivos.

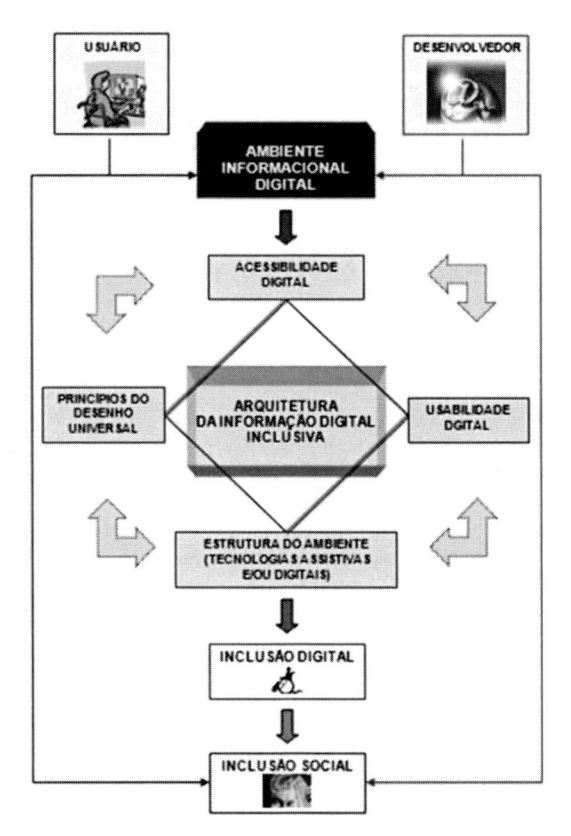

Figura 7 – Esquema de Arquitetura da Informação Digital Inclusiva.
Fonte: Corradi (2007)

Assim, na Figura 7 é ilustrado o esquema da Arquitetura da Informação Digital Inclusiva (Aidi), que tem como objetivo apresentar os enlaces entre os princípios que podem promover ambientes digitais que possibilitem a inclusão digital e social de diferentes tipos de usuários, em especial de surdos, na perspectiva bilíngue da surdez.

A acessibilidade, a usabilidade, as tecnologias assistivas ou as digitais disponíveis, aplicadas no planejamento de uma arquitetura da informação digital estruturada em conformidade com o desenho universal são capazes de compor um ambiente informacional digital inclusivo. Esses elementos e princípios associados, aplicados e colocados em prática em ambientes informacionais envolvem a estruturação de uma Aidi.

Com isso, considera-se a Aidi como o planejamento de ambientes digitais a fim de cumprir missões e objetivos informacionais e tecnológicos específicos, tendo em vista o atendimento de usuários potenciais exigentes e interativos, independentemente de suas condições sensoriais, linguísticas e motoras. Essa arquitetura deve mapear e estruturar ambientes informacionais e tecnológicos com base nos princípios do desenho universal, da acessibilidade, da usabilidade, de tecnologias assistivas e digitais.

O esquema de Aidi é formado por princípios fundamentais para a construção de ambientes que promovam as condições de acesso e uso à diversidade de usuários ao ambiente digital. A apresentação do esquema fundamenta-se nos valores conceituais e em elementos capazes de sedimentar a ideia de participação inclusiva de usuários potenciais em ambientes web, em específico, e em ambientes digitais, no geral.

Nesse processo inclusivo, tanto os usuários quanto os desenvolvedores devem estar envolvidos no processo de desenvolvimento de ambientes informacionais digitais. A participação de usuários específicos no processo de desenvolvimento de ambientes digitais torna-se fundamental, considerando-se suas percepções quanto aos elementos de acessibilidade significativos para a melhoria da usabilidade de sistemas informacionais. Portanto, os desenvolvedores, ao possibilitarem a participação dos usuários no processo de estruturação de ambientes digitais, possibilitam a criação de interfaces acessíveis e democráticas, com aplicação de elementos de acessibilidade condizentes com a realidade e necessidade informacional do público-alvo a que se destinam.

Freire, Castro e Fortes (2009, p.397) afirmam que:

> O conhecimento sobre as implicações para o desenvolvimento do conteúdo na web, da legislação de acessibilidade brasileira, ainda é reduzido no Brasil, segundo estudos recentes realizados [por Freire (2008)]. De acordo com um levantamento realizado em 2007, com mais de 600 participantes de todo o país, entre pessoas envolvidas com desenvolvimento para web em órgãos do governo, academia e indústria, mais de 40% afirmaram nunca ter ouvido falar da legislação, e 32% afirmaram só ter ouvido falar ou conhecer vagamente.

Verifica-se, portanto, que a partir do planejamento adequado de uma Aidi há maiores probabilidades de atingir a diversidade de usuários potenciais desses ambientes, assim como há a possibilidade de promover melhorias significativas nesses espaços para os usuários interativos reais.

De acordo com Lazarte (2000, p.51):

> Inclusão significa acesso físico à infraestrutura, conexão em rede e computadores, significa capacitação para utilizar estes meios e significa, principalmente, a possibilidade de uma incorporação ativa no processo todo de produção, compartilhamento e criação cultural, os chamados "conteúdos".

Dessa forma, a compreensão, o planejamento, a aplicação e realização conceitual e prática desses elementos e princípios visam promover as condições de acesso às informações e ao conhecimento registrado a minorias linguísticas, no caso específico deste trabalho, via ambientes digitais acessíveis e inclusivos. A inclusão social do sujeito estigmatizado da sociedade da informação tende a efetivar--se por meio da inclusão digital.

Neste capítulo, foram destacados aspectos conceituais relacionados à arquitetura da informação digital, com destaque aos sistemas de organização, navegação, rotulagem, busca, tesauros, metadados, vocabulários controlados, conteúdos informacionais, tipos de documentos e usabilidade digital como base para a criação de um ambiente digital acessível. A acessibilidade surge, neste contexto, como um conjunto de elementos e processos que permitem ampliar as possibilidades e potencialidades de acesso a usuários de ambientes informacionais digitais, incluindo-se nesse grupo as minorias linguísticas surdas usuárias das LS.

Com isso, a usabilidade é apresentada como um conceito entrelaçado com a acessibilidade na promoção da qualidade de uso de ambientes informacionais digitais. O desenho universal associado aos demais conceitos mencionados surge aplicado à criação de ambientes informacionais digitais para uma ampla proporção de usuários, com um planejamento direcionado a públicos gerais e específicos, com a introdução de elementos de acessibilidade condizentes com as necessidades do usuário e os objetivos do ambiente.

Contudo, esses conceitos aplicados à construção de ambientes digitais promovem o planejamento de uma Aidi, que pode possibilitar a inclusão digital e social de usuários em ambientes informacionais digitais de forma autônoma, independente e democrática.

No planejamento e desenvolvimento de um ambiente digital inclusivo, devem ser considerados os aplicativos digitais específicos e disponíveis para o público-alvo almejado. No Capítulo 4, são apresentados os aplicativos digitais para surdos que podem ser incorporados ao ambiente informacional digital como opções de ampliação de acesso.

4
APLICATIVOS DIGITAIS PARA SURDOS

Dicionários digitais da língua de sinais

Para Capovilla e Raphael (2001), os dicionários digitais da Línguas de Sinais (LS) são uma larga divulgação dessa língua visual-espacial, independentemente do país e da nacionalidade de seu usuário. Atualmente, existem vários dicionários digitais disponíveis em CD-ROM ou na rede de computadores de acesso livre on-line. Os destaques às interfaces de dois dicionários de língua brasileira de sinais (Libras) on-line e um em CD-ROM visam apresentar as possibilidades de aplicação de tecnologias hipermídia em conteúdos disponíveis em interfaces para surdos e ouvintes aspirantes ao aprendizado da Libras.

Neste âmbito, estão disponíveis alguns dicionários on-line gratuitos na internet, como o *Libras.com* e o *Dicionário digital bilíngue da Língua Brasileira de Sinais*. O *Libras.com* possui um sistema de busca organizado em ordem alfabética e por categorias e a recuperação da informação ocorre por meio da visualização do sinal em vídeo da palavra selecionada em língua portuguesa escrita. Em algumas telas, abaixo da sinalização em vídeo há a representação do sinal em SignWriting e a acepção da palavra. O resultado da busca aparece no centro da tela, conforme é ilustrado na Figura 8.

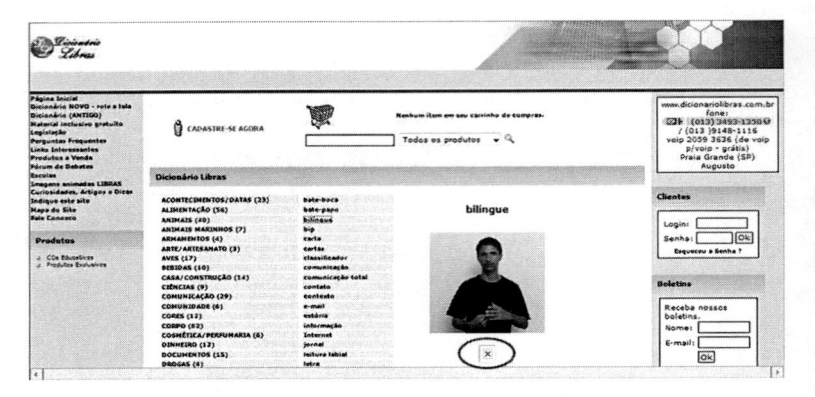

Figura 8 – Dicionário *Libras.com.*
Fonte: Dicionário Libras (2011)

Cada categoria representada na Figura 8 apresenta o número de palavras sinalizadas em Libras disponíveis em seu banco de dados. Dessa forma, encontram-se disponíveis um total de 58 categorias e 1.927 sinais no vocabulário. Observa-se que, a partir da comparação com o levantamento de Fusco (2004), houve uma ampliação relevante no vocabulário e nas categorias do dicionário. Em 2004, existiam apenas quinze categorias de opções de busca ao usuário.

Todavia, alguns problemas foram identificados quanto ao uso desse sistema. A visualização do sinal em Libras é prejudicada devido ao espaço insuficiente disponível pelo instrutor em sua apresentação, o sinal é cortado na projeção do vídeo e o usuário pode se perder na realização do movimento. O sinal repete-se várias vezes no vídeo sem que o usuário tenha controle sobre a apresentação. O usuário que está aprendendo a Libras perde-se, uma vez que não identifica com clareza se é necessário repetir o movimento para representar o sinal desejado. Há incompatibilidade entre hardware e software na não visualização do SignWriting na interface, mediante o uso de tecnologia recente, conforme apresentado na Figura 8. Da mesma forma, não são todas as palavras que apresentam sua acepção descrita.

Assim, torna-se necessário ampliar o espaço de visualização da filmagem do sinal para que esse problema não prevaleça e continue prejudicando a usabilidade do sistema. Da mesma forma, considera-se fundamental haver ferramentas do sistema capazes de promover o controle do vídeo pelo usuário, a fim de que este manipule seu espaço-tempo de aprendizagem e a visualização completa do sinal na Libras, considerado um recurso de acessibilidade a ser adicionado nessa interface.

Esses são problemas relevantes que precisam ser revistos pelos criadores desse ambiente digital. Portanto, é necessário utilizar tecnologias de desenvolvimento adequadas e flexíveis para a criação de ambientes digitais acessíveis. Assim, usuários com hardware e software antigos e recentes podem acessar o ambiente informacional digital, não prejudicando sua acessibilidade e usabilidade.

Figura 9 – Novo Dicionário *Libras.com.*
Fonte: Dicionário Libras (2011)

Todavia, embora ainda esteja disponível no ambiente deste dicionário a interface do antigo dicionário, um novo layout é apresentado ao usuário a partir de 2010. Nesta nova interface, ainda em desenvolvimento, o usuário possui 6 mil verbetes para acessar e os desenvolvedores estão em fase de teste, dando a oportunidade de participação para detectar falhas e defeitos no uso da ferramenta pelo uso on-line da mesma. Este aspecto vem ao encontro da satisfação do usuário quanto a qualidade de uso de ambientes digitais de forma ativa e participativa.

Outro aspecto a ser destacado está relacionado à clareza quanto ao direcionamento do público para quem se idealizou a ferramenta: "A sinalização é feita por surdos com elevado nível cultural, algumas vezes por filhos de surdos habituados a sinalizar desde a infância. Raramente, por outro tipo de pessoa. Jamais utilizamos animações 2D, que mostram os sinais distorcidos." Para acessar e testar o ambiente do novo dicionário *Libras.com* o usuário precisa instalar em seu computador o software Adobe Shockware Player.

No menu lateral esquerdo da tela, se encontra o link para "Imagens animadas Libras", em que o usuário pode baixar imagens em formato dinâmico, visualizando tanto os sinais da Libras quanto um reduzido vocabulário em Língua de Sinais Americana e da Língua Gestural Portuguesa em animação 3D. Da mesma forma, com animação, o usuário pode visualizar o funcionamento do SignWriting, associando o movimento a sua representação gráfica, embora ainda com um reduzido vocabulário.

Estas atualizações realizadas no site a partir de 2007 caracterizam-se como favoráveis para o atendimento das necessidades informacionais e tecnológicas de usuários surdos, em especial, assim como de ouvintes interessados em materiais, notícias, informações e ampliação do vocabulário da Libras, tornando o espaço para a Libras mais visível ao usuário, como pode ser visualizado na Figura 9 por meio da nova interface do Dicionário *Libras.com.*

O *Dicionário digital bilíngue da Língua Brasileira de Sinais* encontra-se disponível na internet, de livre acesso, e também em CD-ROM. O desenvolvimento desse ambiente contou com o apoio do Fundo Nacional de Desenvolvimento da Educação (FNDE – MEC) e da Secretaria de Educação Especial (Seesp) do Ministério da Educação e Cultura (MEC) e teve a primeira versão concluída em março de 2001.

Na Figura 10, visualiza-se a tela do *Dicionário digital bilíngue da Língua Brasileira de Sinais*, com destaque aos sistemas de busca e recuperação da informação solicitada. Vale destacar que o ajuste no tamanho da tela pelo usuário pode ser considerado um elemento de acessibilidade, atendendo as necessidades relacionadas às condições sensoriais do usuário. Na margem inferior da tela, encontram-se os créditos, concepção, metodologia e orientações de como adquirir o conteúdo do dicionário em CD-ROM ("Libras em cd").

Figura 10 – Sistema de busca e recuperação – *Dicionário digital bilíngue da Língua Brasileira de Sinais.*
Fonte: Dicionário da Língua Brasileira de Sinais (2011)

As opções de busca pelo vocabulário em Libras apresentam-se por ordem alfabética, por assunto, pela configuração de mão e por meio de palavras-chave. Observa-se na margem superior da figura anterior o alfabeto em língua portuguesa para orientar o usuário na busca alfabética. Na busca por assunto o usuário tem uma lista de opções que aparece no campo "assunto". A busca por palavra-chave pode ser refinada, localizando-a individualmente, por acepção, exemplo ou assunto, com campo específico para busca, além de mostrar o número de ocorrências disponíveis. A busca por configuração de mão ocorre em outra tela do sistema, em destaque na Figura 11.

O resultado da busca, independentemente do mecanismo utilizado, apresenta o sinal em vídeo, que pode ser visualizado pelo usuário quantas vezes este desejar. A tela é dividida em quatro partes (*frames*): da esquerda para a direita da tela, visualiza-se o assunto (contém informações diante da busca por assunto no sistema); palavras e exemplo (apresenta a lista de vocabulários do banco de dados e um exemplo em língua portuguesa); acepção e exemplo em Libras (mostra o sentido do termo em sua significação e um exemplo da palavra em língua portuguesa escrita estruturada em Libras); vídeo, classe gramatical, origem e mão (simulação do sinal recuperado na busca, classe gramatical a que pertence, origem da palavra e a configuração de mão predominante na execução do sinal). Em toda recuperação e busca, a palavra escolhida aparece em destaque na tela principal (Figura 10).

Figura 11 – Sistema de busca pela configuração de mão – *Dicionário digital bilíngue da Língua Brasileira de Sinais.*
Fonte: Dicionário da Língua Brasileira de Sinais (2011)

A interface do *Dicionário digital da Língua Brasileira de Sinais* é apresentada com mais elementos e recursos de navegação que o dicionário *Libras.com*. Todavia, nesse ambiente destaca-se como problema de arquitetura da informação a organização e rotulagem do sistema de busca, capaz de prejudicar o acesso e o uso do dicionário. Embora envolva um repertório amplo para o usuário, verificou-se pouca clareza na rotulagem e na organização visual na interface. O usuário precisa explorar várias vezes o sistema para descobrir qual opção atenderá melhor suas necessidades. O rótulo "Mão" para o usuário inexperiente torna-se pouco significativo, sendo mais condizente e apropriada a rotulagem "Configuração de Mão". Da mesma forma, a palavra "Busca" surpreende o usuário ao aparecer um *frame* adicional na tela. Subentende-se que os demais sistemas não compõem a busca, quando na realidade essa rotulagem apresenta ao usuário mais uma opção de pesquisa, que poderia ser intitulada como "Busca Avançada", por exemplo.

Além dos dicionários on-line, existem materiais como estes disponíveis em CD-ROM, como o *Dicionário digital bilíngue da Língua Brasileira de Sinais* mencionado e o *Dicionário de Libras ilustrado do governo* do estado de São Paulo. Este último foi lançado em 2002 e é distribuído gratuitamente por solicitação via e-mail <libras@sp.gov.br>. O dicionário foi elaborado por meio do programa Acessa São Paulo e tem como objetivo diminuir ao máximo a exclusão digital. Possui 43.606 verbetes, 3 mil vídeos, 4.500 sinônimos e cerca de 3.500 imagens.

O sistema de busca do vocabulário em Libras pode ser realizado por palavra, categoria e por uma lista geral de termos. Há disponíveis aos usuários explicações sobre os tempos verbais e as conjugações dos verbos pesquisados. O resultado da busca apresenta-se em vídeo, com ferramentas do sistema para controle do usuário na visualização do sinal em Libras, significado da palavra recuperada, ilustração (imagem) e sinônimos do termo. A palavra recuperada apresenta-se em destaque no centro da tela para melhor visualização do usuário (Figura 12).

O dicionário apresenta recursos adicionais ao usuário, em comparação aos ambientes dos dicionários digitais analisados anteriormente, entre os quais se destacam: tempos verbais, pesquisa por aproximação ou exata, imagem e sinônimos. Esses recursos permitem ampliar ao usuário as possibilidades de aprendizado sobre a língua portuguesa escrita e o contexto de uso de determinados termos em Libras.

Figura 12 – Interface do Dicionário de Libras ilustrado.

Fonte: São Paulo (2005)

No entanto, identificaram-se problemas de acessibilidade e usabilidade no dicionário. Na busca exata pela palavra "acesso", o sistema destaca o termo na "lista geral" e apresenta ao usuário outro vídeo e imagem, neste caso, "admissão". Os sinônimos apresentados ("acesso" e "ingresso") referem-se ao termo "admissão" e não ao termo de pesquisa descrito pelo usuário, conforme se constata na Figura 12. Qualquer palavra dada como sinônimo nessa tela apresenta o mesmo significado, vídeo e imagem do termo "admissão". Assim, considera-se este um aspecto que pode comprometer a acessibilidade, a usabilidade e a pesquisa pelo usuário, que busca um termo e recupera outro, tanto em relação ao sinal na Libras quanto ao significado do termo, sinônimos possíveis e representação em imagem.

Sugere-se como melhoria nessa interface a revisão dos recursos que compõem o dicionário para melhor atender as necessidades informacionais de seus usuários, com informações consistentes. Vale destacar a necessidade de flexibilizar ajustes de conteúdo a diferentes tamanhos e configurações de tela, para melhorar a visualização da interface do sistema pelo usuário.

Ainda no âmbito dos dicionários, pode-se encontrar o Sign Dic, protótipo de ferramenta computacional com recursos hipermídia para geração de dicionários bilíngues. O objetivo principal do sistema é oferecer aos usuários surdos uma ferramenta facilitadora do processo ensino-aprendizagem da própria Língua de Sinais (LS) e da língua escrita, além de estimular usuários ouvintes ao aprendizado da língua visual-espacial.

A ferramenta foi desenvolvida no mestrado em Computação por Macedo (1999), motivada pela inexistência de dicionários e pela escassez de softwares educacionais apropriados para as pessoas surdas. O Sign Dic apresenta-se como um sistema de uso geral que possibilita construir dicionários aplicáveis a qualquer LS e língua oral-auditiva. Esse aspecto caracteriza o sistema como aberto, de forma a respeitar as influências e diferenças culturais e regionais de determinada comunidade de surdos refletidas em sua própria língua.

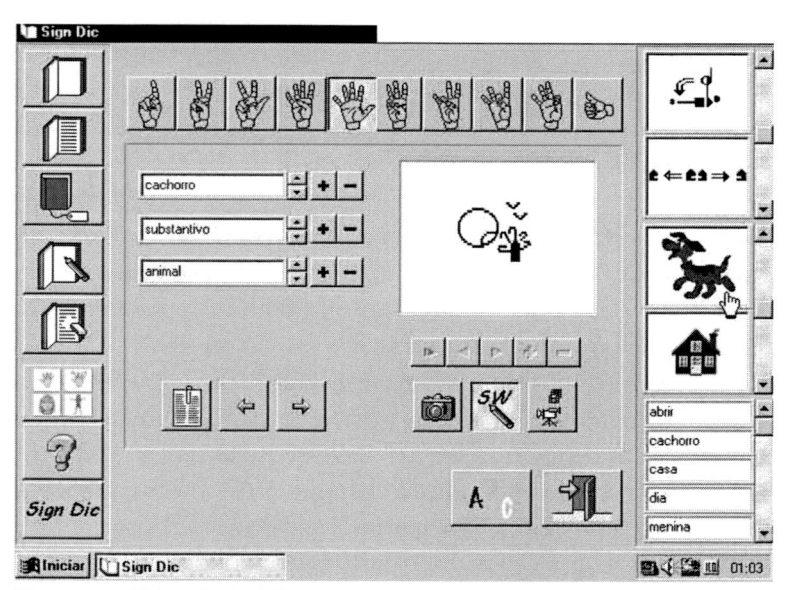

Figura 13 – Tela principal do Sign Dic – ordenação por grupos de mão.
Fonte: Macedo (1999)

Os dicionários gerados pelo Sign Dic podem ser organizados de acordo com suas características gestuais, por meio da descrição de suas estruturas internas ou de acordo com a ordenação alfabética de seus respectivos significados na língua oral-auditiva, como visualizado na Figura 13. Assim, a consulta de sinais nos dicionários pode ser feita tanto na língua oral-auditiva quanto na língua visual--espacial. O sistema de escrita SignWriting oferece uma notação gráfica para os sinais e foi utilizada para representar os sinais nos dicionários. Por suas representações serem estruturas computacionais, geram imagens facilmente editadas, alteradas e reaproveitadas.

A interface do sistema apresenta recursos hipermídia que podem ser utilizados de forma interativa, onde o usuário torna-se parte integrante do sistema, o que influencia diretamente em seu rendimento.

O Sign Dic visa estimular a aquisição da escrita pelos surdos, de maneira a facilitar o acesso à informação, à cultura, ao intercâmbio e ao trabalho. Além disso, o uso do computador pelo surdo não somente desmistifica estereótipos como fortalece sua autoconfiança e autonomia, de acordo com Macedo (ibidem). O desenvolvimento de softwares apropriados aos surdos permite que eles possam se desenvolver inseridos em experiências enriquecedoras no processo de informatização da sociedade.

Diante da diversidade de recursos tecnológicos utilizados para melhorar a comunicação entre as pessoas, a realidade virtual surge, na tridimensionalidade das LS, como recurso avançado de interface, como um ambiente que possibilita um realismo virtual de interação dos sentidos humanos.

Para Fusco (2004), um ambiente virtual possui vantagens sobre a interação homem-computador a partir de qualquer ângulo com as alterações em tempo real. Os ambientes virtuais podem facilitar o entendimento, o aprendizado e a comunicação entre os usuários da LS, com estrutura linguística marcada pelo tridimensional.

Em sua dissertação de mestrado, Fusco (ibidem) apresenta o protótipo de uma tecnologia de armazenamento e intercâmbio de informações dos sinais da Libras por meio do vocabulário X-Libras, que visa facilitar o desenvolvimento de novas ferramentas e aplicações computacionais na área de comunicação visual-espacial. O vocabulário referido pelo autor pode se adaptar às mudanças naturais que ocorrem na Libras, sendo tal recurso facilitado pela tecnologia XML em sua natureza autodescritiva flexível a alterações necessárias nos vocabulários.

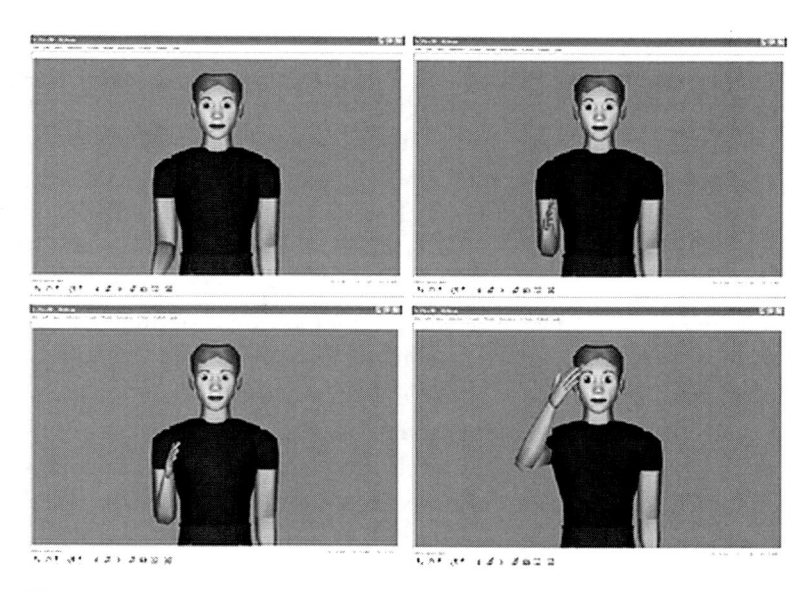

Figura 14 – Ambiente virtual X-Libras.
Fonte: Fusco (2004)

O desenvolvimento do protótipo de ambiente virtual idealizado por Fusco (ibidem), ilustrado na Figura 14, objetivou apresentar aos pesquisadores, usuários e qualquer pessoa a natureza dos sinais da Libras, assim como encontrar um meio agradável e eficiente de interface homem-computador. Para o autor, a realização do protótipo atendeu aos principais aspectos de um sistema de realidade virtual: sintético, com a geração do sinal em tempo real por um computador, e no realismo, no qual o avatar atendeu às necessidades de realização desse sinal, identificando-o como se uma pessoa real estivesse realizando-o. Esses aspectos ocorreram graças à tecnologia pesquisada e ao padrão H-Anim na realização das rotinas de animação no avatar.

Coleção Clássicos da Literatura em Libras/ português em CD-ROM

A "Coleção Clássicos da Literatura em Libras/português em CD-ROM", comercializada pela Editora Arara Azul, visa apresentar às crianças e aos jovens surdos uma coletânea de clássicos da literatura universal. O trabalho é resultado de pesquisa de doutorado desenvolvida por Clélia Regina Ramos, da Universidade Federal do Rio de Janeiro (UFRJ), juntamente com representantes da comunidade surda e dos mais importantes centros de pesquisa sobre educação de surdos. A iniciativa é pioneira no mundo no que diz respeito a textos clássicos da literatura em CD-ROM interpretados em Libras.

A Editora Arara Azul possibilitou, de forma pioneira, a publicação de narrativas de histórias clássicas nacionais e internacionais em CD-ROM hipermídia graças à parceria com a Internacional Business Machines Corporation (IBM) e com o apoio da Fundação Carlos Chagas Filho de Amparo à Pesquisa no Estado do Rio de Janeiro (Fajerj) e do Instituto Nacional de Educação de Surdos (Ines). Os desenvolvedores da coleção declararam que o trabalho realizado destina-se basicamente ao público surdo, não tendo a intenção do aprendizado da Libras por ouvintes ou por surdos, sendo essa uma proposta para outro material.

A coleção encontra-se disponível para compra no site da Editora Arara Azul (www.editora-arara-azul.com.br) e o projeto contou com parcerias e financiamentos que possibilitaram a distribuição, limitada e gratuita, de seus volumes a instituições que atendam surdos ou a pessoas envolvidas com a educação destes, mediante solicitação.

Atualmente, a coleção conta com dez volumes: I – *Alice no País das Maravilhas*, de Lewis Carroll; II – *Iracema*, de José de Alencar;

III – *As aventuras de Pinóquio*, de Carlo Collodi (1883), roteiro adaptado por Luiz Carlos Freitas; IV – *A história de Aladim e a lâmpada maravilhosa*, roteiro adaptado por Luiz Carlos Freitas; V – *O velho da horta*, de Gil Vicente; VI – *O alienista*, de Machado de Assis; VII – *O caso da vara*, de Machado de Assis; VIII – *A Missa do Galo*, de Machado de Assis; IX – *A cartomante*, de Machado de Assis; X – *O relógio de ouro*, de Machado de Assis.

Ainda nesse contexto, embora em volumes avulsos, encontram-se disponíveis para compra, nessa mesma editora, outras obras da literatura para surdos sinalizadores, como, por exemplo: *A ilha do tesouro* (2008), disponível em livro, DVD em Libras com legendas e em CD-ROM português/Libras; *Primeiros sinais em Libras* (2008), disponível em CD-ROM interativo bilíngue Libras/português para crianças surdas e ouvintes em fase pré-escolar e de alfabetização, caracterizando-se apenas como um material auxiliar para os primeiros contatos com a Libras; e *Alice para crianças*, de Lewis Carroll, texto traduzido e adaptado por Clélia Regina Ramos e ilustrado por Thiago Larrico (2007), com livro ilustrado e CD-ROM bilíngue português/Libras.

Para ilustrar as interfaces desses ambientes hipermídia informacionais, são descritas as interações com as histórias *Alice no País das Maravilhas*, *Iracema* e *As aventuras de Pinóquio*. É apresentada na Figura 15 a tela do CD-ROM *Iracema* para visualizar o formato da apresentação e o acesso ao conteúdo literário disponível.

A história *Alice no País das Maravilhas* (Carroll, 2002), foi dividida em doze capítulos com o conteúdo narrado em Libras e direcionado a um público-alvo infanto-juvenil, e requer do usuário um contato mais amplo com a Libras e com algumas expressões específicas trabalhadas no contexto linguístico. O vídeo da narrativa em LS pode ser controlado pelo usuário por meio de ferramentas do sistema (parar, pausar, adiantar, retroceder e iniciar) na interação com a interface. No lado direito, o usuário tem acesso ao conteúdo da história em texto escrito em língua portuguesa e no esquerdo a narrativa em Libras. Para sair da página, o usuário tem a ferramenta do sistema disponível na margem superior esquerda da tela.

A narrativa da história *Iracema* (Alencar, 2002) apresenta-se em Libras ao usuário e em texto escrito em língua portuguesa. O usuário pode controlar a interação com o sistema de forma hipertextual pelos 32 capítulos que compõem o conteúdo completo da história. Na margem superior esquerda, encontra-se o link de acesso aos capítulos da história e ao glossário de cada um deles, conforme apresentado na Figura 15. Para sair do sistema, o usuário deve clicar na folha localizada na margem inferior direita da tela, recurso não visualizado de forma clara no ambiente digital.

Figura 15 – Interface de *Iracema*: apresentação da história.
Fonte: Alencar (2002)

Antes de iniciar a narrativa, o usuário pode se familiarizar com os sinais específicos do contexto narrado, por meio de interface digital com a apresentação dos personagens e lugares que compõem o contexto de *Iracema*. A apresentação em vídeo possibilita ao usuário visualizar a palavra e seu sinal correspondente de forma dinâmica. Embora com layout diferenciado de *Alice no País das*

Maravilhas, apresenta ferramentas de controle de tempo de interação entre usuário e sistema. Para acessar o conteúdo da história, o usuário deve clicar com o *mouse* na palavra *Iracema* localizada na margem superior esquerda da tela.

As aventuras de Pinóquio (Collodi, 2002), um clássico da literatura direcionado ao público infantil, configura-se nesse material com a apresentação de diversos recursos para o trabalho pedagógico, jogos, glossário, história para impressão e visualização em Libras.

Assim como em todos os CDs da coleção, a narrativa da história ocorre em Libras e é disponibilizado ao usuário o texto escrito em língua portuguesa. A história apresenta-se dividida em oito capítulos, acessados de forma hipertextual, com diferentes recursos visuais ilustrativos ao fundo da interface de cada seção. O sistema disponibiliza ferramentas de controle para o usuário interagir livremente com o conteúdo. Em todas as telas, visualizam-se links de acesso a jogos, menu principal e saída do sistema.

Todos os CDs-ROM da coleção possuem histórias narradas em Libras por meio de vídeos dinâmicos com texto escrito em língua portuguesa. Por meio desse material, os surdos têm oportunidade de conhecer e desfrutar de textos produzidos por autores clássicos nas duas línguas: Libras e língua portuguesa escrita, com as quais interagem e deparam-se cotidianamente na perspectiva bilíngue.

Os responsáveis pelo projeto destacam que as traduções culturais dos textos têm o objetivo de apresentar para os surdos uma possibilidade de acesso à literatura de maneira compreensível em Libras. As diferenças da língua oral-auditiva e da LS dificultam a tentativa de tradução "literal" de um texto. Dessa forma, os idealizadores de projeto pretenderam realizar a interpretação dos textos em Libras o mais fiel possível ao original escrito.

Esse material é muito importante no processo de inclusão digital, social e escolar dos surdos, pois possibilita sua participação inclusiva na sociedade por meio do acesso à literatura clássica com independência e autonomia. Por outro lado, foram identificados alguns problemas de arquitetura da informação capazes de comprometer a acessibilidade e usabilidade do material.

No CD-ROM *Alice no País das Maravilhas*, o sistema de saída da interface não está visível ao usuário e a apresentação do vídeo pode explorar mais espaço no ambiente. Em *Iracema*, há dificuldade em transitar de uma tela para outra, o usuário não visualiza de forma clara o procedimento que o levará ao conteúdo da história, o que ocorre por meio do clique no título da história. Esse aspecto pode ser considerado um problema de acessibilidade caracterizado pela rotulagem inadequada de um link que compõe o planejamento estratégico da arquitetura da informação. O mesmo problema ocorre no sistema de saída da interface: o usuário precisa explorar todo o ambiente para perceber que embaixo da folha no canto direito inferior da tela está o link de saída.

Na história *As aventuras de Pinóquio*, identificou-se como problema relevante a forma de apresentação de cada capítulo. As letras que formam a palavra "capítulo" surgem da direita para a esquerda na tela, quando a norma da escrita portuguesa requer que seja escrito da esquerda para a direita. Considera-se esse efeito um problema de planejamento na arquitetura da informação, pois esse elemento de interface pode dificultar ou confundir a criança surda em função de sua faixa etária, fase de escolarização e das dificuldades de aquisição da língua escrita.

Um aspecto geral a ser pensado refere-se à introdução de recursos hipermídia com áudio ao sistema. O vídeo em Libras e o texto escrito em língua portuguesa configuram um grande avanço no que diz respeito à acessibilidade digital para surdos, entretanto a adição do áudio na interface compõe um elemento inclusivo, que visa ampliar a proporção de usuários desses ambientes literários digitais.

SignStream

O SignStream é uma ferramenta desenvolvida por Neidle et al. (2002) como parte do American Sign Language Linguistic Research Project com o apoio da National Science Foundation.

A ferramenta tem como objetivo ampliar a base de dados do código da língua de sinais americana (American Sign Language –

ASL ou LSA) para estudantes surdos e ouvintes, professores e linguistas que precisem de tradução em LS. Com código aberto, o SignStream faz uma análise de dados linguísticos capturados em vídeo, divide-os em diversos segmentos e traduz cada um deles para a LSA de acordo com o contexto.

O sistema pode ser utilizado para o estudo de outras LS e de componentes gestuais de línguas faladas. Por meio do SingStream o usuário pode alterar o tamanho da tela e realizar outras configurações. Essa ferramenta permite que múltiplos usuários realizem de forma simultânea e assíncrona a tradução de um mesmo vídeo de forma detalhada.

A ferramenta possui o controle da mídia e a visualização do vídeo pelo sistema. O usuário configura o sistema, manipula a mídia de acordo com o discurso e suas necessidades, tendo como opções a divisão em três partes baseadas em suas funcionalidades. No vídeo, o usuário tem quatro possibilidades de arquivos que podem ser associados ao discurso e visualizados de forma sincronizada e configurados pelo usuário. Além dessas ferramentas, a transcrição do discurso pelo sistema pode ser manipulada pela janela de informações com suas respectivas ferramentas.

Como o SignStream tem um suporte de código de dados associado com as diferentes narrativas, trabalha com múltiplos participantes, em um plano de transparência controlado por ferramentas específicas do sistema. A base de dados dos sinais correspondentes às palavras das histórias não permite a adição de sinais ao sistema.

O SignStream simplifica o processo de transcrição e aumenta a exatidão das transcrições por causa da ligação de eventos linguísticos com as divisões dos vídeos, que realçam as habilidades do investigador na execução de análises linguísticas diversas.

iCommunicator

O iCommunicator é um software proprietário americano que promove a comunicação independente de pessoas surdas. É considerado motivador do crescimento da alfabetização entre os surdos, pelas possibilidades de tradução em tempo real para a língua inglesa: da fala para o texto, da fala/texto para vídeo em LS e da fala/texto para voz gerada no computador, de acordo com Figura 16.

Em conformidade com informações descritas no website do produto, o software é eficiente na comunicação, promove igualdade de acesso às informações, possibilita acesso à LS, expande as oportunidades de sucesso na educação e no trabalho, melhora a independência e autoconfiança do surdo, fornece qualidade de vida. Entretanto, o maior benefício que o programa oferece relaciona-se à acessibilidade e independência dos usuários em diversos ambientes por meio de sua revolucionária tecnologia.

Figura 16 – Interface do iCommunicator.
Fonte: iCommunicator (2006)

Esse sistema foi desenvolvido para remover barreiras de comunicação, promover o desenvolvimento da pessoa surda por meio do uso livre da LSA no cultivo do enlace entre escrita, fala e sinais, além de caracterizar-se como uma tecnologia apropriada para surdos, entre outros usuários.

SignWriting no ambiente digital

A aplicação da escrita dos sinais tem conquistado espaços mais amplos e apresenta-se, no âmbito digital, por meio da criação de softwares capazes de criar e usar a escrita de uma língua visual-espacial em diversos ambiente da internet (páginas web, bate-papo, e-mail, apresentação de conteúdos digitais).

Em 2004, ocorreu o Workshop on the representation and processing of Sign Languages from SignWriting to image processing, em Lisboa, Portugal. Nesse evento, foram divulgados diversos softwares que foram pensados, projetados e desenvolvidos privilegiando o SignWriting.[1] Dentre os softwares apresentados nesse *workshop* destacaram-se: SignText (para criação de documentos), SignPuddle (criação de dicionários), SignBank (criação de bases de dados), IMWA (Alfabeto em SignWriting em movimento), SWML (SignWriting Markup Lang), entre outros, incluindo-se produtos nacionais. No entanto, o primeiro processador de textos que surgiu orientado à tarefa de representar as LS em SignWriting foi o SignWriter (Sutton, 2006).

Campos (2002) analisou e orientou o desenvolvimento de alguns softwares como possibilidades de uso do SignWriting no ensino e na aprendizagem da LS e de sua possível escrita por surdos e ouvintes, entre os quais se destaca o Pacote Sign, do Grupo de Informática na Educação – Surdos da PUC-RS, com os seguintes produtos: Signed, SignSim, SignHTML, SignTalk e SignMail. O projeto desse pacote contou com o apoio da Fundação de Amparo a Pesquisa do Rio Grande do Sul (Fapergs) e do Conselho Nacional de Desenvolvimento Científico e Tecnólogico (CNPq).

O Signed é um editor de LS que permite a escrita por meio do alfabeto manual, bem como a edição de um sinal novo informando as configurações e os elementos envolvidos: dedos, mãos, braços, pulsos e expressão facial e sua sequência para formar o sinal.

O editor para escrita de sinais contribui para a padronização da escrita da LS por configurar-se como uma ferramenta favorável para educadores e linguistas na análise da apropriação da LS dos

---

1 Em artigo disponível em <http://www.signwriting.org/.../archive/softarc12.html> encontram-se 27 desses programas com suas sinopses. Acesso em: 3 jul. 2007.

surdos. A ferramenta contribui para a produção de literatura escrita por possibilitar a gravação e impressão de textos na LS.

O SignSim é uma ferramenta para a tradução da Libras para a língua portuguesa e vice-versa. O diferencial dessa ferramenta em relação a outros tradutores é que o usuário pode criar o sinal e editá-lo em animação 3D.

A ferramenta tem duas opções de módulos de trabalho. A primeira refere-se à escrita da língua oral-auditiva, em que o usuário escreve a palavra a fim de obter sua tradução. A segunda trata da escrita da LS, em que o usuário poderá pesquisar um sinal na base de dados e, se não encontrar o sinal desejado, poderá criá-lo para depois traduzi-lo para a escrita.

O sistema funciona como um tradutor semiautomático ou assistido, por causa das ambiguidades léxico-morfológicas da língua, que dependem da intervenção do usuário. Essas ambiguidades podem ocorrer durante o processo de tradução diante de mais de um sinal para uma mesma palavra, mais de uma palavra para um mesmo sinal, nenhum sinal para uma palavra, ou nenhuma palavra para um determinado sinal.

O SignHTML é um editor HTML para construção de sites com suporte à escrita de LS. Esse editor HTML funciona tanto para a criação quanto para a edição de uma página já existente. Ao abrir a janela do editor HTML encontram-se as funcionalidades do SignHTML comuns a outros editores de arquivos HTML.

O editor para construção de documentos em HTML permite a interação e a construção de materiais tanto na língua portuguesa quanto em Libras. Apresentam-se como público-alvo desse editor as pessoas que queiram desenvolver páginas web utilizando a escrita de sinais. Não há necessidade de conhecer a Libras para utilizar o sistema, pois o SignHTML tem uma base bilíngue de sinais em Libras e de palavras em língua portuguesa.

O SignTalk viabiliza o processo de comunicação a distância com funcionalidades e interface que visam atender às necessidades específicas de usuários surdos. Caracteriza-se como uma ferramenta de bate-papo on-line que possibilita a comunicação a distância entre seus usuários, com similaridade a uma ferramenta de *chat*, embora apresente como diferencial o suporte à utilização de LS nas interações. Ao entrar em uma sala do SignTalk, o usuário poderá participar imediatamente da conversa por meio da interface do sistema.

A ferramenta de *chat* pretende possibilitar aos usuários a reflexão sobre seus conhecimentos, confrontá-los e modificá-los em atividades de grupo. Para tanto, busca-se possibilitar ao usuário o aprendizado com outro usuário, por meio de trocas e conflitos sociocognitivos em ambiente propício para a construção de conhecimentos e acesso às informações. Essa ferramenta pode ser utilizada como recurso para o aprendizado da Libras e da língua portuguesa escrita, para troca de informações e intercâmbio cultural entre a comunidade surda e a ouvinte.

O SignMail é uma ferramenta para envio de e-mail com suporte à escrita de LS, em que o usuário pode ver os e-mails recebidos por qualquer ferramenta de correio eletrônico, entretanto, toda mensagem enviada por meio do SignMail é destaca pela frase padrão: "Este e-mail foi enviado através do software SignMail desenvolvido na PUCRS em 2003 – v.0.3.2" e um anexo em formato Rich Text Format (RTF).

A tela principal do sistema, que foi elaborado como uma aplicação independente, embora integrada à ferramenta SignTalk, proporciona ao usuário do *chat* a possibilidade de envio por e-mail de seu diálogo, de forma simples e rápida, para troca de informações e intercâmbio cultural entre a comunidade surda e a ouvinte.

Campos (2002) ressalta que o Signed, o SignSim e o SignHTML foram desenvolvidos para apoiar atividades assíncronas. Já o Sign-Talk visa proporcionar um ambiente apropriado para a interação social, comunicativa e linguística onde os usuários possam compartilhar experiências, trocar ideias, interagir e desenvolver trabalhos conjuntos de forma síncrona.

Além dos sistemas do pacote Sign, existem outras iniciativas relacionadas ao SignWriting em ambientes digitais, entre as quais destacam-se o SignWebmessage (Souza; Pinto, 2002), o Swedit (Torchelsen et al., 2003) e o AGA-Sign (Denardi et al., 2005).

O SignWebmessage refere-se ao protótipo do software de Souza e Pinto (2002) que utiliza o SignWriting para comunicação assíncrona na web com o uso tanto da escrita em língua portuguesa quanto da escrita em Libras. Os idealizadores do projeto consideram a ferramenta para uso potencial e ampliado via web a ser integrada a ambientes de educação a distância que atendam surdos.

A ferramenta tem como objetivo principal minimizar as dificuldades de comunicação escrita entre surdos e entre surdos e ouvintes, pois permite a interação de seus usuários por meio de um sistema bilíngue de comunicação.

O protótipo foi realizado em três módulos: módulo principal, onde estão as funções comuns relacionadas à ferramenta de correio (recebimento, envio, leitura de e-mails etc.); módulo de consulta, para consultar o dicionário de sinais e posterior inserção na mensagem; e módulo de criação, correspondente à necessidade de edição de novos sinais.

Para Souza e Pinto (2002), a ferramenta pode ser considerada capaz de proporcionar à comunidade surda maior acesso à informação e possibilidades de comunicação. Esses são fatores básicos necessários para um crescente desenvolvimento social, principalmente à medida que mudanças sociais vêm ocorrendo provocadas pelos avanços tecnológicos, a popularização da internet e do correio eletrônico, o que torna o computador uma ferramenta essencial nesse processo.

O Swedit consiste no desenvolvimento de um sistema para auxiliar o usuário surdo na criação de textos em LS baseados no sistema de representação de sinais SignWriting. Torchelsen et al. (2003) afirmam que o sistema consiste em um editor, o Swedit, para criação dos textos propriamente ditos, e da ferramenta AlfaEdit, para auxiliar na atualização dos conjuntos de símbolos utilizados no editor. Ambos foram desenvolvidos especialmente para os surdos, com interfaces que exploram suas capacidades de interpretação visual por meio do uso de figuras onde normalmente seriam utilizados textos.

A interface do editor Swedit apresenta como características: conjuntos de símbolos; área de edição de sinal; área de edição do documento; célula com exemplos de símbolos; exemplo de inserção de texto da língua oral-auditiva; exemplo de inserção de uma figura; menu sensível ao contexto; *combox* contendo os dicionários disponíveis.

O AGA-Sign é um sistema animador de gestos aplicado à LS que foi desenvolvido para aplicações voltadas à educação de surdos com o uso do SignWriting. No trabalho desenvolvido por Denardi et al. (2005), foram considerados os sinais em Libras, embora o sistema seja aplicável a qualquer LS.

As animações geradas utilizam o modelo voltado para a web, baseado na Teoria dos Autômatos (AGA – Animação Gráfica baseada em Autômatos Finitos). De acordo com os autores, o AGA foi escolhido por causa das características que favorecem sua aplicação na especificação e controle de animações para a web, entre as quais destacam-se: espaço de armazenamento, suporte à recuperação de informação e manutenção do conteúdo das animações.

Esse trabalho está inserido no contexto de Processamento de Línguas Naturais (PLN), que tem como objetivo fornecer aos computadores a capacidade de entender e compor textos, no sentido de reconhecer o contexto, fazer análise sintática, semântica, léxica e morfológica, criar resumos, extrair informação, interpretar e até aprender conceitos com os textos processados partindo do sistema SignWriting.

Para os autores, a relevância dessa iniciativa reside na aceitação desse sistema de escrita por parte das comunidades surdas locais. Com isso, as animações por meio do modelo AGA podem contribuir com os avanços de pesquisas nessa área e para a inserção de surdos no mundo das tecnologias da informação e comunicação, inclusive na internet.

Rybená

A solução Rybená nasceu da troca de experiência com as pessoas com diferentes condições sensoriais nos trabalhos realizados pelo

Brasília Java Users Group (DFJUG) no Programa JavaS, desde 2001. Por meio desse contato, os membros do DFJUG descobriram um mundo segregado e tomaram ciência da situação de isolamento e dependência a que são expostos os surdos e os cegos, principalmente. Nesse contexto, surgiu a proposta de criar um sistema que permitisse a comunicação entre as comunidades de surdos e cegos por meio do uso de aparelhos telefônicos portáteis (celulares) baseados em Libras e com reconhecimento e síntese de voz. Rybená foi o nome originalmente brasileiro dado ao projeto de inclusão digital, e significa "comunicação" na língua indígena xavante.

O projeto Rybená é parcialmente financiado pelo Centro de Pesquisa em Desenvolvimento em Tecnologia de Software (CTS) do Banco do Brasil, pela Universidade Católica de Brasília, por meio do projeto Avaliação de Ambientes Educacionais Corporativos Baseados em EAD (Educação a Distância), coordenado pelo professor Edilson Ferneda, e pelo projeto Musa, firmado entre a Universidade de Brasília (UnB), o Banco do Brasil, a IBM e a Solectron.

A solução Rybená tem como objetivo a concepção e o desenvolvimento de tecnologias para a construção de sistemas que permitam a inclusão digital de comunidades excluídas dos serviços e ambientes de interação linguística. Assim, os produtos desse projeto inserem-se na proposta de soluções de acessibilidade digital, com destaque para acessibilidade web, acessibilidade visual e acessibilidade auditiva.

No âmbito dos usuários enfatizados neste trabalho, destacam-se os produtos Acessibilidade Web: Sempre Atento e Valida Web. O Sempre Atento tem como objetivo permitir à organização testar e monitorar de forma contínua a aderência aos padrões de acessibilidade definidos pelo W3C. O Sempre Atento é uma ferramenta que simplifica o processo de produção de websites, automatiza tarefas, gera relatórios de não conformidade e auxilia os webdesigners a tornar os sites acessíveis. A atualização de um website por essa solução informa aos responsáveis pelo conteúdo se houve erro na alteração, aponta-os e oferece exemplos para correção.

O Valida Web é uma ferramenta que auxilia o desenvolvimento de websites que priorizam a acessibilidade das páginas. Auxilia os desenvolvedores na adaptação das diretrizes internacionais de acessibilidade, gera relatórios completos de erro e auxilia suas correções. A ferramenta é disponibilizada gratuitamente na internet e realiza uma análise completa de acessibilidade, atendendo a todas as diretrizes de acessibilidade sugeridas pelo W3C.

No que consiste aos produtos relacionados à acessibilidade auditiva, destacam-se os produtos Atende, Torpedo Rybená e Player Rybená. O Atendimento Assistido Rybená – Atende viabiliza a comunicação de qualquer pessoa com um usuário surdo por meio da Libras. A comunicação ocorre por meio de roteiros preconfigurados, que contêm as informações mais relevantes de sua organização. Os roteiros contêm uma série de informações organizadas em tópicos, que são interpretadas e apresentadas em Libras. No modo apresentação, o roteiro é sinalizado na íntegra e de forma contínua.

O Torpedo Rybená é um serviço de telefonia móvel que permite receber e enviar mensagens de texto em Libras. Dessa forma, pessoas surdas comunicam-se em Libras e visualizam as mensagens recebidas em texto por meio de animação em imagens no celular. Os ouvintes podem enviar Torpedos Rybená convertidos para a Libras, o que viabiliza a comunicação por meio do uso de duas línguas (língua portuguesa e Libras), conforme ilustração da Figura 17.

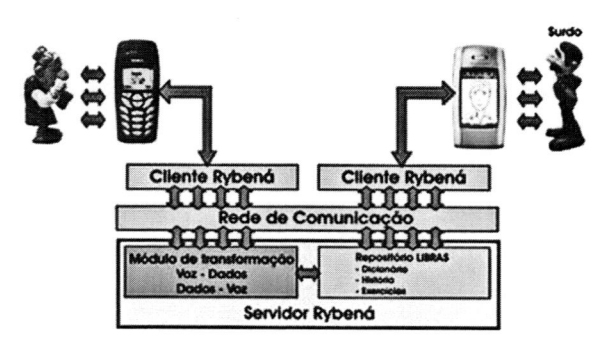

Figura 17 – Descrição técnica do Torpedo Rybená.
Fonte: Rybená (2007)

O Player Rybená permite tornar os sites da internet acessíveis para a comunidade surda. O sistema é capaz de converter qualquer página da internet ou texto escrito em língua portuguesa para a Libras. O funcionamento do software é simples, bastando apenas selecionar o texto com o *mouse* e clicar no selo de acessibilidade Player Rybená para acionar uma janela com a mensagem em Libras.

A *Revista Sentidos* e o próprio Rybená podem ser acessados por meio desse aplicativo, considerado um elemento de acessibilidade digital para surdos. Entretanto, em seu funcionamento observa-se que a tradução ocorre na sequência da língua portuguesa sinalizada, obedecendo a uma estrutura linguística diferenciada da Libras e das LS, de forma geral, em sua gramática própria. Diante de palavras que não constam em seu banco de dados, o sistema utiliza-se do alfabeto manual na transmissão do conteúdo, ou seja, soletra a palavra letra por letra, conforme exemplificado na Figura 18.

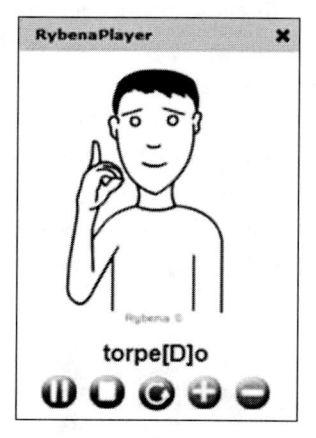 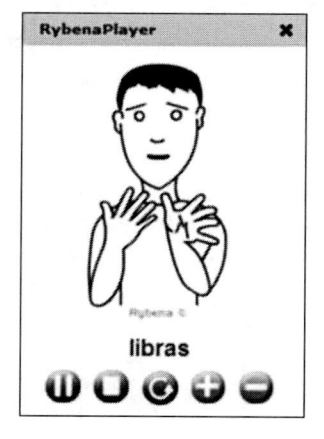

Figura 18 – Player Rybená em funcionamento.
Fonte: Rybená (2011)

Dessa forma, o funcionamento do aplicativo pode ocasionar problemas de usabilidade no acesso ao conteúdo disponível. Sabe-se que a conversão da língua portuguesa escrita para a Libras por meio de sistema computacional automático é um grande desafio que ainda precisa ser aprimorado.

O aplicativo pode ser controlado pelo usuário por meio de ferramentas disponíveis no próprio sistema. O usuário pode optar pela velocidade de sinalização da informação (teclas mais e menos) e ativar, pausar ou parar o aplicativo de acordo com sua necessidade.

Identificou-se como um problema de funcionamento do aplicativo a impossibilidade de ajuste no tamanho da tela de tradução para a Libras, embora o usuário possa movimentá-la livremente pela interface. O ajuste do tamanho da fonte na legenda do aplicativo também poderia ser um elemento a ser introduzido para a adaptação do usuário a suas necessidades. Com isso, considera-se relevante a flexibilidade no ajuste do tamanho da tela à página do aplicativo Player Rybená. Dessa forma, amplia-se a área disponível no monitor, o que pode melhorar aspectos de usabilidade do sistema pelos usuários surdos.

Neste capítulo, foram apresentados alguns dos diversos aplicativos digitais para os surdos. Os dicionários (on-line, CD-ROM e protótipos de desenvolvimento), literatura clássica em CD-ROM e DVD, ferramentas para análise de dados linguístico capturados em vídeo, tradutores simultâneos das línguas visuais-espaciais para a língua oral-auditiva ou escrita marcam a presença da LS, ampliando seus espaços de aplicação.

O pacote Sign e demais protótipos desenvolvidos utilizando o SignWriting permitem ao usuário ler os sinais das LS, exceto no AGA-Sign, que apresenta uma animação dinâmica da representação gráfica dessa língua. O Rybená, como um aplicativo, utiliza-se de recursos computacionais para transmitir a informação, apresentando-se como uma iniciativa relevante, mas que necessita de inúmeros ajustes, principalmente na tradução da língua portuguesa escrita para a Libras.

O SignStream e o iCommnunicator, ambos produtos norte-americanos, sendo o primeiro de código aberto, e o segundo, proprietário, são considerados como as tecnologias digitais que permitem a utilização da língua visual-espacial com maior legitimidade. Os recursos em SignWriting têm um crescente potencial, considerando-se que os símbolos que marcam esses sistemas de escrita são universais e adaptáveis a diferentes LS. De outra forma, as línguas visuais-espaciais diferenciam-se entre nações e regiões, imprimindo a cultura e a identidade de determinada comunidade em relação a sua localização geográfica, a seus hábitos e a seus costumes. De qualquer forma, os protótipos, softwares e ambientes destacados neste capítulo ilustram as inúmeras possibilidades de aplicação das tecnologias de informação e comunicação na melhoria da qualidade de uso e de interação dos surdos, sejam sinalizadores, usuários do SignWriting ou conhecedores da língua portuguesa escrita em diferentes níveis. Assim, a introdução de algumas dessas tecnologias em ambientes digitais para surdos pode viabilizar a participação inclusiva de membros da comunidade de usuários interativos, além de valorizar suas diferenças linguísticas e culturais.

Pontuadas algumas das tecnologias existentes consideradas como auxiliares na construção de ambientes digitais inclusivos para usuários surdos, em especial, constatam-se no Capítulo 5 as percepções dos participantes surdos que contribuíram para o desenvolvimento desta pesquisa. Nesse próximo capítulo, verificam-se os perfis dos surdos interativos, suas áreas de interesse, ambientes digitais que utilizam, sites que visitam, entre outros pontos, que incluem a acessibilidade e usabilidade digital.

5
As "vozes" dos surdos

Os participantes

Participaram da pesquisa, em caráter voluntário, nove surdos, sendo seis do estado de São Paulo, uma de Santa Catarina, uma de Minas Gerais e um do Ceará. Os contatos com os participantes ocorreram via e-mail, Messenger e/ou presencial.

Foram enviados e-mails para surdos indicados por intérpretes em Libras e para aqueles que compunham grupos de discussão da internet convidando-os a participarem da pesquisa. Após o aceite desse convite, foram direcionados dezesseis questionários via e--mail, sendo que apenas seis dos participantes surdos retornaram com os formulários preenchidos. Para esses seis respondentes, foi oferecido suporte on-line via Messenger e/ou e-mail para esclarecimentos de dúvidas durante o preenchimento do questionário.

Já os contatos presenciais com surdos ocorreram em três momentos: no Centro Municipal de Ensino Especial para Surdos do município de Matão (SP) "Edra Cristianne Chiozzini", na Escola Municipal Adelino Bordignon de Matão (SP) e na Universidade Estadual Paulista – Faculdade de Filosofia e Ciências do município de Marília (SP). Os participantes foram indicados pelas responsáveis das instituições e/ou por intérpretes em Libras dos municípios mencionados. Para os respondentes presenciais, foi oferecido suporte da pesquisadora diante de dúvidas no preenchimento do questionário, ocorrendo, inclusive, a interpretação em Libras do conteúdo deste. Nesse sentido, a pesquisa contou com o total de nove participantes surdos voluntários: seis on-line e três presenciais.

Desses nove participantes, quatro não responderam completamente ao questionário. Dessa forma, nas considerações relacionadas aos "Elementos de acessibilidade digital" serão analisadas apenas as respostas de seis participantes, enquanto no subitem "Conteúdo informacional digital sobre a comunidade surda" foram obtidos cinco questionários, totalizando os respondentes que participaram de todas as etapas da pesquisa.

O critério de seleção dos participantes envolveu os seguintes itens: ser surdo preferencialmente profundo; ser usuário da Libras; ser usuário web; e conhecer a língua portuguesa escrita. Assim, os critérios que delinearam o perfil dos participantes dependeram do grau de fluência em Libras, em língua portuguesa escrita e na experiência do usuário com ambientes informacionais digitais, em específico com a web. Considerou-se relevante a associação desses quatro critérios na representação de comunidades surdas interativas, por meio de seus membros surdos, como protagonistas sociais e digitais.

Todavia, embora os voluntários representem uma camada privilegiada da sociedade, a qual emerge de um contingente com nível de escolaridade médio, superior e de pós-graduação, considera-se fundamental a divulgação e a propagação do uso estratégico das tecnologias de informação e comunicação como via a acessibilidade de usuários surdos em ambientes informacionais digitais. Tais tecnologias, associadas ao planejamento de ambientes digitais e ao acesso à informação, podem evocar a participação social, política e democrática desses grupos sociais como forma de atingir a equidade de oportunidades, em larga escala, de quantidades maiores de usuários pertencentes a grupos minoritários. Esta é apenas uma pequena amostra daqueles que estão contribuindo para o desenvolvimento e a ampliação do acesso e para o uso de ambientes informacionais digitais pelas comunidades de surdos, em especial.

Perfil socioeconômico

A análise do perfil socioeconômico dos participantes da pesquisa apresenta como variáveis o estado de origem, o sexo, a idade, o estado civil, o nível de escolaridade, o curso de formação, a profissão atual, o idioma estrangeiro e a renda familiar do respondente.

Dessa forma, em conformidade com a Tabela 1, verificou-se que seis dos participantes residem no estado de São Paulo, um em Minas Gerais, um no Ceará e um em Santa Catarina. Destes, seis são solteiros, dois são casados e um é divorciado, sendo três do sexo masculino e seis do sexo feminino. As faixas etárias são diversificadas, com participantes de 17 a 47 anos, entre os quais cinco estão na faixa de 20 a 27 anos de idade.

Tabela 1 – Perfil dos participantes surdos.

	Participante	*Estado do país*	*Sexo*	*Idade*	*Estado civil*
1	RM	SP	M	26	Solteiro
2	DR	SP	F	20	Solteira
3	SA	SP	F	47	Casada
4	FL	SP	F	17	Solteira
5	AS	SP	M	26	Solteiro
6	RS	SP	F	36	Divorciada
7	LG	MG	F	22	Solteira
8	MA	CE	M	21	Solteiro
9	SB	SC	F	27	Casada

As análises dos dados coletados por meio de questionário caracterizaram seis dos participantes com nível de escolaridade superior completo, incompleto e pós-graduação, que trabalham e conhecem idiomas estrangeiros, como o inglês, o francês, o espanhol e a língua de sinais americana (LSA). Outros três respondentes são estudantes de nível médio completo ou incompleto e não conhecem idiomas estrangeiros, conforme é destacado na Tabela 2.

Tabela 2 – Perfil socioeconômico dos participantes surdos.

	Participante	Nível de escolaridade	Curso anterior/ atual	Profissão	Idioma estrangeiro	Renda familiar
1	RM	Ensino superior completo	Ciência da Computação	Webdesigner e programador de sistema de informática	Inglês	Acima de R$ 2.500,00
2	DR	Ensino superior incompleto	Pedagogia	Estudante	Francês	Acima de R$ 2.500,00
3	SA	Ensino médio completo	–	Auxiliar de operações	–	Entre R$ 1.301,00 e R$ 1.600,00
4	FL	Ensino médio incompleto	3° colegial	Estudante	–	Não sabe
5	AS	Ensino superior incompleto	Sistema de Informação	Estagiário	Inglês	Menos de R$ 400,00
6	RS	Pós-graduação completa	Mestrado em Educação/ Letras-Libras	Professora	ASL* Língua de sinais estrangeiras Inglês	Entre R$ 1.301,00 e R$ 1.600,00
7	LG	Ensino superior completo	Ciência da Computação/ Letras-Libras	Estudante	Inglês	Entre R$ 701,00 e R$ 1.000,00
8	MA	Ensino médio completo	Metodologia de Libras – Feneis	Instrutor e monitor de Libras – Feneis	–	Menos de R$ 400,00
9	SB	Pós-graduação incompleta	Mestrado em Educação	Professora	Espanhol ASL* Inglês	Entre R$ 1.301,00 e R$ 1.600,00

*ASL – American Sign Language ou Língua de Sinais Americana

Os participantes graduandos ou formados cursam ou cursaram áreas relacionadas à Computação (Ciência da Computação e Sistema de Informação) e à Educação (graduação em Pedagogia e pós-graduação em Educação). Já com nível médio de ensino, encontram-se os demais três respondentes, que cursam o 3º ano do ensino médio, concluíram o ensino médio e que não deram continuidade à escolarização. Participam do curso Letras-Libras a distância da UFSC duas surdas, sendo que uma delas terminou a graduação em Ciência da Computação e a outra é pós-graduada em Educação.

Os participantes que trabalhavam na época do preenchimento do questionário exerciam as seguintes funções: webdesigner e programador de sistema de informática, auxiliar de operações em empresa de telefonia, estagiário na área computacional, professor, instrutor e monitor em Libras.

Quanto à renda familiar, dois dos respondentes declararam rendimentos que ultrapassam R$ 2.500,00; mais dois participantes encontram-se na faixa de R$ 1.301,00 a R$ 1.600,00; e outros dois indicaram valores abaixo de R$ 400,00. Na faixa salarial de R$ 701,00 a R$ 1.000,00 encontra-se apenas um dos participantes, e com rendimentos entre R$ 1.001,00 a R$ 1.300,00, outro. Apenas uma participante desconhece a renda familiar.

O inglês, mencionado por cinco respondentes, compôs a lista de idiomas estrangeiros, juntamente com o francês e o espanhol, destacados por dois participantes. Alguns dos surdos pontuaram mais de um idioma estrangeiro de seu conhecimento, dessa forma, SB conhece o inglês, o espanhol e a LSA. Da mesma forma, RS mencionou o inglês e a LSA entre outras línguas de sinais (LS) estrangeiras.

Durante a pesquisa empírica, observou-se que alguns dos surdos participantes ou que participaram de alguma das etapas deste trabalho perguntaram ou mencionaram a Libras como idioma estrangeiro. Esse aspecto é interessante e requer estudos sobre a construção da identidade do surdo. Pode-se considerar, entretanto, que esses respondentes tenham sido iniciados em língua portuguesa antes da LS.

Em conformidade com Perlin (1998), a identidade é algo em construção e que pode com frequência ser transformado ou estar em movimento, que empurra o sujeito em diferentes posições. Assim, para a autora, a construção da identidade surda sempre está em proximidade com a situação de necessidade com o outro igual. As formas multifacetadas que assumem as identidades surdas relacionam-se ao poder "ouvintista" que impõe regras e estereótipos relacionados à negação da representação da identidade surda ao sujeito surdo.

Relacionado ao estereótipo, Perlin (ibidem, p.54) afirma que

> [...] o estereótipo sobre o Surdo jamais acolhe o ser Surdo, pois imobiliza-o a uma representação contraditória, a uma representação que não conduz a uma política da identidade. O estereótipo faz com que as pessoas se oponham, às vezes disfarçadamente, e evitem a construção da identidade surda, cuja representação é o estereótipo da sua composição distorcida e inadequada.

A surdez, como uma experiência visual e não uma deficiência auditiva, está relacionada à LS, uma língua visual-espacial constituinte de uma outra cultura, identidade e comunidade linguística. Com isso, o multiculturalismo surge como um movimento político que luta contra o estigma, o estereótipo, o preconceito, a surdez como deficiência e o poder do ouvintismo.

Assim, verificam-se as questões das minorias inseridas no contexto das sociedades majoritárias. Neste trabalho, os surdos, enquanto minorias linguísticas, caracterizam-se com diferentes identidades surdas, pois a maioria dos participantes nasceu surdo ou assim se tornou em tenra idade, convive e identifica-se com ouvintes em um envolvimento imbricado no multiculturalismo entre uma comunidade e outra na constituição de sua identidade individual.

A presença da LSA como idioma estrangeiro e as dúvidas sobre a Libras enquanto língua natural ao surdo envolvem as discussões iniciadas no Capítulo 2 sobre o multiculturalismo, as culturas e as identidades surdas que compõem as comunidades surdas.

Nenhum dos respondentes apontou a língua portuguesa como idioma estrangeiro, uma vez que já estão socialmente envolvidos em suas atividades cotidianas com tal língua, seja oral ou escrita, em sua função social e dificuldades de aquisição e uso. Embora pontuem, em grande maioria, a preferência pela Libras em suas interações sociais, apresentaram dúvida sobre a LS como estrangeira ou natural.

Para ilustrar esse aspecto, destacam-se as palavras da participante RS:

> Então prefiro é bilinguismo. Pois eu prefiro Libras. Posso usar oral como segunda língua oral e ou escrita. Quando precisa. (anterior da minha vida era oralismo. O oralismo é proibido de Língua de Sinais. Outra coisa sobre Comunicação Total é 80% porque tem incluindo de Sinalizada Portuguesa. Sinalizada Portuguesa não é igual de Língua de Sinais [...] Outra coisa sobre escrita... Tenho duas escritas... Eu escrevo de língua de sinais mas as palavras são português (mas não é escrita de língua de português...como estrutura de escrita de língua de sinais – natural) e outro escrevo escrita de língua de português como escrita... Entendeu? (RS, 36 anos, professora)

A partir do depoimento de RS, observam-se questões relacionadas ao bilinguismo na surdez e ao uso da língua portuguesa como barreira e, simultaneamente, possibilidade de acesso às informações e como meio de comunicação. Na percepção de RS, identificam-se as filosofias educacionais que permearam seu processo de escolarização e aquisição de linguagem, assim como sua preferência – o bilinguismo. Aspectos estruturais da Libras e sua interferência na escrita em língua portuguesa pelo surdo sinalizador são mencionadas e vivenciadas na leitura do texto da respondente, marcando o português como segunda língua na perspectiva bilíngue da surdez.

Em Ciência da Informação, esse aspecto linguístico pode ser considerado essencial quanto ao atendimento às necessidades informacionais de usuários específicos, com aplicação de tecnologias de informação e comunicação condizentes para viabilizar o acesso e o uso de conteúdos informacionais digitais. Pode-se considerar o tratamento, a representação e a recuperação de informações como processos a serem considerados diante da distribuição e disseminação de informações em ambientes digitais, os quais possam permitir o acesso e o uso de forma ampliada dos conteúdos disponíveis por usuários com diferentes condições sensoriais, linguísticas e motoras, em especial os surdos.

Os surdos e a surdez: caracterização dos participantes

A caracterização da surdez e as preferências comunicativas dos surdos destacam-se na Tabela 3. Assim, pontuam-se sete dos participantes com surdez profunda, um surdo severo e um moderado. Caracterizam-se como surdos pré-linguísticos seis respondentes, os quais nasceram surdos. Apenas uma surdez pós-linguística[1] foi identificada, a de SB, aos 6 anos de idade. Os outros dois participantes tornaram-se surdos precocemente, sendo o contato com a língua oral-auditiva precário.

Quanto à comunicação, os respondentes pontuaram a Libras como preferência nas interações comunicativas e informacionais, com quatro participantes que privilegiaram somente a Libras; três, a Libras e a língua portuguesa (oral ou escrita), com destaque à perspectiva bilíngue da surdez; e dois que destacaram a verbalização/oralização/leitura labial e a Libras como preferências.

---

1 A surdez pré-linguística refere-se àquela adquirida antes de o indivíduo ter um contato com a língua oral-auditiva ou quando esse contato foi reduzido na infância da criança até o momento do diagnóstico da surdez. A surdez pós-linguística refere-se ao diagnóstico posterior a um contato maior com a língua oral-auditiva, na qual o surdo teve oportunidade de conhecer, de ter contato e usar essa língua.

Tabela 3 – Caracterização da surdez dos participantes.

	Participante	Nível de surdez[2]	Perda auditiva	Familiares surdos	Preferência na comunicação
1	RM	Profunda	Dois anos e 6 meses de vida	Não	Pela oralização/ leitura labial e pela Libras
2	DR	Profunda	Sete meses de gestação da mãe	Não	Pela oralização/ leitura labial e pela Libras
3	SA	Profunda	Um ano e 6 meses de vida	Não	Somente pela Libras
4	FL	Severa	Nasceu surda	Não	Libras e língua portuguesa (oral e escrita)
5	AS	Profunda	Nasceu surdo	Não	Somente pela Libras
6	RS	Profunda	Nasceu surda	Não	Libras e língua portuguesa (oral e escrita)
7	LG	Profunda	Trinta e nove dias de vida	Não	Libras e língua portuguesa (oral e escrita)
8	MA	Moderada	Nasceu surdo	Não	Somente pela Libras
9	SB	Profunda	Seis anos de vida	Não	Somente pela Libras

Verifica-se nesses índices que a LS pode ser considerada essencial para os participantes da pesquisa em suas relações sociais e cognitivas, assim como no acesso e na transmissão de informações. Entretanto, todos os respondentes declararam não ter familiares

---

2 De acordo com a Secretaria de Educação Especial do Ministério da Educação no Brasil, a deficiência auditiva pode ser referenciada diante da perda total ou parcial, congênita ou adquirida. Essa perda refere-se à capacidade de compreender a fala, podendo manifestar-se como surdez leve/moderada (perda auditiva de até setenta decibéis, o que dificulta o indivíduo de se expressar oralmente e de perceber a voz humana) e surdez severa/profunda (perda auditiva acima de setenta decibéis, o que impede o indivíduo de entender, com ou sem aparelho auditivo, a voz humana e de adquirir de forma natural o código da língua oral-auditiva).

surdos. Esse aspecto reforça a preocupação de Sacks (1998, p.41) com a presença da LS na vida da criança surda. O autor considera a surdez congênita como "privação de informações" aos sujeitos, que são menos expostos ao aprendizado incidental que se dá na escola, no meio familiar e social de forma global; os conteúdos informacionais são pobres em comparação à experiência ouvinte; gasta-se muito tempo ensinando as crianças surdas a falar (entre cinco e oito anos em ensino individual intensivo), restando pouco espaço temporal para transmitir informações, cultura, habilidades complexas ou qualquer outra coisa.

No decorrer da pesquisa, evidenciou-se o incômodo de alguns dos participantes pelo desconhecimento da Libras com fluência; outros indagaram como poderiam melhorar, aprender mais sobre a LS; outros, ainda, a consideraram difícil, mas fundamental para sua socialização e interação com o mundo, relacionando-se às questões de construção da identidade surda.

Da mesma forma, a língua portuguesa escrita foi considerada difícil de ser aprendida, mas essencial para a apropriação de informações, conhecimentos e conteúdos diversos. O português oral foi destacado por um dos participantes (RM) como independente da surdez, entretanto, destaca em seu discurso que se o ouvinte falar muito rápido ou houver muita informação para ser transmitida, não consegue acompanhar o contexto pela leitura labial, assim como nem sempre se faz entender pela verbalização de algumas palavras. Com isso, o respondente afirma que a LS associada à articulação labial torna-se facilitadora do processo comunicativo. Vale destacar que esse respondente passou pelo processo de oralização em atendimentos fonoaudiológicos e intensificou seus contatos com a comunidade surda aos 20 anos (portanto, seis anos antes da realização desta pesquisa).

A respondente DR afirma que prefere se comunicar pelo oral e pela Libras, entretanto considera a presença do intérprete fundamental para que possa assimilar os conteúdos acadêmicos transmitidos na faculdade, pela própria dinâmica educacional. Assim, a participante possui duas formas de interação com o mundo, oral e pela Libras, além das vibrações perceptíveis por seus sentidos acessórios. A participante menciona que tem pouca facilidade na compreensão de alguns tipos específicos de textos (como, por exemplo, religiosos, escolares, histórias e poesias), embora destaque que os conteúdos de jornais, revistas e notícias da internet sejam assimilados facilmente.

Nesse sentido, considera-se o ambiente digital como potencializador da aplicação de elementos de acessibilidade para usuários surdos, em especial, principalmente nos processos de representação, tratamento, apresentação e distribuição de conteúdos informacionais que valorizem as LS, assim como as legendas em conteúdos audiovisuais. Para Quadros (2005), as investigações de várias LS oferecem evidências sobre todos os níveis de análise das teorias linguísticas e legitimidade dessas línguas visuais-espaciais. Assim, as LS, em específico a Libras, são legítimas no processo de apropriação de ideias, conceitos e informações em diferentes suportes e contextos informacionais.

Embora o trabalho de Quadros (ibidem) enfatize os movimentos de resistência com fundações e organizações administrativas constituídas essencialmente por surdos, que requerem uma coletividade surda com regras, princípios e confronto de poderes, os surdos participantes desta pesquisa caracterizam-se no multiculturalismo, no bilinguismo da surdez em suas constituições identitárias e culturais. Para a autora, o movimento de pesquisadores, em especial os surdos, apresenta vieses dos próprios surdos definindo a surdez em uma outra dimensão, em meio a uma cultura multifacetada com características específicas que se traduzem de forma visual, constituída a partir dos próprios surdos que garantiram seu espaço socioculturalmente.

A web e os surdos: assuntos, interesses e ambientes

A web surge como mais um ambiente digital que pode ampliar as oportunidades de acesso aos conteúdos informacionais; intensificar o contato de surdos e ouvintes por meio da LS, com diferentes culturas surdas e ouvintes; e democratizar o acesso às informações registradas e disponíveis; preservar e disseminar as culturas surdas, as literaturas, o teatro e o cinema, dentre outras manifestações artísticas, por meio de documentos em diferentes formatos hipermídia e multilíngue.

Quanto ao uso da internet, na Tabela 4 é ilustrado o perfil dos usuários surdos participantes da pesquisa. Todos têm experiência com o ambiente web há mais de um ano, sendo que oito usuários permanecem mais de dez horas na semana conectados, e apenas um deles, de cinco a dez horas semanais. Quanto à frequência de acesso, cinco respondentes declararam acessar a web diariamente, dois dos participantes afirmaram utilizar a web seis vezes por semana, um deles, uma vez por semana, e outro, algumas vezes apenas. Esses índices identificam os tipos de usuário dos ambientes informacionais digitais (novatos, experientes, ocasionais e frequentes) destacados nos trabalhos de Dias (2003) e Camargo (2004).

O local de acesso à internet foi assinalado em mais de um campo. Portanto, três dos surdos participantes têm a oportunidade de acessar a internet em casa, na faculdade e no trabalho. Com disponibilidade de acesso em casa e na escola/faculdade apresentam-se dois respondentes. Os demais três respondentes utilizam a internet em casa de parentes; em casa, no trabalho e em *cybercafé* ou *lan house*; na casa de amigos, no trabalho, no curso de informática e em *cybercafé*.

Conclui-se, a partir da análise desses dados, que três dos surdos participantes da pesquisa não possuem acesso à internet em suas residências, utilizando-a em outros locais que frequentam, como casa de parentes, casa de amigos, faculdade e trabalho. Apenas dois respondentes assinalaram utilizar *cybercafés* e *lan houses* para acessar a internet.

Relacionado aos ambientes digitais utilizados pelos surdos, dentre os quais os participantes poderiam assinalar mais de um item listado no questionário e/ou adicionar outros ambientes por meio do item "Outros", oito participantes declararam ser usuários de endereço eletrônico (e-mail) e de ambientes de bate-papo

Tabela 4 – Perfil dos surdos em relação à internet.

	Participante	Experiência com a internet	Local de acesso à internet	Tempo de uso da internet	Frequência
1	RM	Mais de um ano	Casa/faculdade Trabalho	Mais de dez horas na semana	Seis vezes por semana
2	DR	Mais de um ano	Casa/faculdade	Mais de dez horas na semana	Seis vezes por semana
3	SA	Mais de um ano	Casa/trabalho Cybercafé/lan house	Mais de dez horas na semana	Diariamente
4	FL	Mais de um ano	Casa de um tio	De cinco a dez horas na semana	Algumas vezes
5	AS	Mais de um ano	Casa/faculdade Trabalho	Mais de dez horas na semana	Uma vez por semana
6	RS	Mais de um ano	Casa de amigos Trabalho	Mais de dez horas na semana	Diariamente
7	LG	Mais de um ano	Casa/faculdade Casa de amigos	Mais de dez horas na semana	Diariamente
8	MA	Mais de um ano	Casa de amigos Curso de informática Trabalho/ cybercafé	Mais de dez horas na semana	Diariamente
9	SB	Mais de um ano	Casa/faculdade Trabalho	Mais de dez horas na semana	Diariamente

(Messenger, Skype ou *chat*); sete compõem redes sociais (Orkut e Gazzag), visitam sites de escolas/faculdades e sites para surdos; cinco participam de listas de discussão; quatro utilizam bibliotecas digitais; três usam o CamFrog,[3] visitam sites de revistas e sites

---

3 O CamFrog Video Chat é um software simples para adicionar múltiplos usuários em videoconferência em alguns websites (Disponível em: <www.camfrog.

estrangeiros; dois navegam por outros ambientes (Globo, bancos, Telefônica, luz); e apenas um acessa sites de jornais, entre diversos outros não especificados, conforme destaque na Tabela 5.

Tabela 5 – Ambientes digitais utilizados pelos surdos.

Participante/usuários	Ocorrências	Ambiente digital que utiliza
RM, DR, SA, AS, SB, LG, MA e RS	8	Endereço eletrônico (e-mail)
RM, DR, SA, AS, SB, LG, MA e RS	8	Bate-papo (Messenger, Skype ou *chat*)
RM, DR, SA, AS, SB, MA e RS	7	Redes sociais (Orkut e Gazzag)
RM, DR, AS, AS, SB, LG e RS	7	Sites para surdos
RM, DR, AS, AS, SB, LG e RS	7	Sites de escolas/faculdades
RM, SB, LG, MA e RS	5	Listas de discussão
SB, LG, MA e RS	4	Bibliotecas digitais
RM, AS e RS	3	CamFrog
LG, MA e RS	3	Sites de revistas
RM, MA e RS	3	Sites estrangeiros
FL, AS	2	Outros: Globo – novelas, bancos, emprego, Telefônica, luz
LG	1	Sites de jornais

com>. Acesso em: 1 mar. 2007), uma maneira de conhecer gente de todo o mundo, fazer novos amigos ou manter contato a distância com amigos ou família. O software tem um design atraente similar ao Messenger. Na janela principal, há a lista de contatos e a conversa ocorre de forma independente, com uma janela individual para cada contato. A novidade principal desse sistema é o uso de webcam com som incluído, algo que torna as conversas mais interessantes e divertidas. O CamFrog possibilita melhorias no carregamento da lista de contatos, tornando-o mais rápido, a resolução padrão dos vídeos é menor para uma melhor qualidade de imagem, entre outras mudanças. Para os usuários surdos, o destaque da qualidade do vídeo prevalece no uso desse software. (Disponível em: <http://terrabrasil.softonic.com/ie/30005>. Acesso em: 25 mar. 2007).

Assim, verifica-se que os participantes desta pesquisa utilizam a internet como forma de comunicação e de acesso às informações. Os ambientes mais citados pelos respondentes foram e-mail e bate-papo, o que torna visível a importância das tecnologias de informação e comunicação na vida desses usuários e seu impacto social, ocasionando mudanças no comportamento dos surdos, com destaque ao papel social da escrita nas relações sociais on-line, o uso de hardwares e softwares específicos e de webcam para o despertar das novas formas de interação e tecnologias aplicáveis a ambientes digitais.

Em Ciência da Informação, destaca-se o uso estratégico das tecnologias de informação e comunicação, que podem ampliar as condições de acesso e uso de ambientes informacionais digitais por usuários com diferentes condições sensoriais, linguísticas e motoras, em especial os surdos, conforme destaque de softwares, aplicativos e protótipos mencionados no Capítulo 4. Entretanto, o uso de tais tecnologias está imbricado no planejamento de uma arquitetura da informação digital em prol da inclusão, a partir de valores conceituais e operacionais referentes à acessibilidade, à usabilidade e ao desenho universal. Esses aspectos devem vir ao encontro dos processos de representação, tratamento, apresentação, organização, distribuição, disseminação, acesso e uso de ambientes informacionais digitais desde sua fase inicial de desenvolvimento.

Os sites para surdos e de escolas ou faculdades equiparam-se no *ranking* de ambientes digitais utilizados. Esses ambientes, no entanto, de acordo com os websites indicados pelos próprios participantes, necessitam de melhorias na interface para o atendimento às necessidades informacionais de seus usuários. De qualquer forma, os respondentes consideram websites para surdos importantes para as comunidades surdas, com maior destaque aos intercâmbios culturais, aos contatos sociais entre grupos de afinidade, a informações relevantes para as comunidades surdas e ouvintes e à presença da LS como condição de acesso ao ambiente.

Os demais ambientes digitais utilizados pelos surdos, como listas de discussão, bibliotecas digitais, sites de revistas, estrangeiros e de jornais, referem-se ao acesso aos conteúdos informacionais diversos. Todos esses ambientes informacionais possuem potencial inclusivo a partir da aplicação dos elementos de acessibilidade, com destaque à apresentação do conteúdo em diferentes formatos (áudio, vídeo e texto) ou por meio de recurso hipermídia.

Nas vozes dos próprios surdos,[4] as percepções sobre os websites seguem:

> Acho que o site próprio para Surdos deveria ter mais espaço visual, com desenhos para facilitar a localização e também colocar desenhos de Libras. (DR, 20 anos, estudante universitária)

> Gostaria que fosse mais visual com Língua de Sinais e menos português possível. Acesso rápido ao bate papo. Arquivos sobre a história dos Surdos, políticas de educação e trabalho que envolvam Surdos, livros antigos... tudo em imagens escaneados, uma área só de novidades. Comunicar quando houver mudanças no site. (SB, 27 anos, estudante de pós-graduação)

> Eu gostaria que o website abre mais as informações claramente para os Surdos, mais facilidade, pois Surdos podem receber atualidade o que aconteceu no mundo, também receber notícias e manter contato com outros Surdos e ouvintes de fora, por exemplo. Minha opinião que a Internet é muito importante para Surdos, se Surdos passam dificuldade para acessar a Internet, procurar uma pessoa para ajudar. (LG, 22 anos, cientista da computação)

Nas declarações das participantes, destacam-se a presença da LS e do SignWriting ("desenho de Libras"), assim como de conteúdos

---

4 As respostas dos surdos participantes da pesquisa foram inseridas neste trabalho de forma integral, exatamente como escreveram nos questionários de pesquisa. As demais informações e interpretações descritas foram adquiridas por meio da Libras no diálogo entre pesquisadora e participante.

específicos relacionados a surdez, bate-papo, organização, tratamento e qualidade da informação disponível. Observa-se o destaque a ambientes específicos para surdos, entretanto, seus interesses envolvem outros tópicos informacionais, conforme será descrito na próxima seção, o que pode ser redirecionado à perspectiva inclusiva em ambientes digitais planejados com base no desenho universal e enfatizado por LG ao mencionar "notícias e manter contato com outros Surdos e ouvintes de fora".

As percepções dos surdos e a necessidade de melhorias em interfaces digitais para esses usuários específicos apontam a reivindicação por aplicações de elementos de acessibilidade que serão tratados no decorrer deste capítulo e aprofundados no capítulo seguinte.

Interesses e ambientes informacionais dos surdos

Diante das alternativas de ambientes digitais pontuados no questionário, nas quais os participantes assinalaram mais de um item diante das opções disponíveis e puderam adicionar outros ambientes não listados, os surdos escolheram: Educação e Trabalho; Surdez e Atualidades; Tecnologia e Relacionamentos; Cinema, Cultura, Saúde e História; Esporte e Lazer; Moda e Arte. Acrescentaram na opção "Outros" os tópicos livres: novela, telefonia, luz, INSS, turismo e genealogia. Na Tabela 6, são apresentados os tópicos mais citados.

Tabela 6 – Tópicos de interesse informacional dos surdos.

Participante/usuários	Ocorrências	Tópicos citados
RM, DR, AS, SB, LG, MA e RS	7	Educação
RM, SA, AS, SB, LG, MA e RS	7	Trabalho
SA, AS, SB, LG, MA e RS	6	Surdez
DR, RM, SB, LG, MA e RS	6	Atualidades
RM, SB, LG, MA e RS	5	Tecnologia
DR, LG, MA e RS	4	Relacionamentos

Delineado o perfil dos participantes, verifica-se que os tópicos selecionados possuem relação com seus processos de formação profissional e busca por oportunidades de atuação no mercado de trabalho. A surdez, nesse contexto, representa a busca por maiores informações sobre as atividades sociais em que os surdos se encontram. Aspectos relacionados à etiologia e causas da surdez não foram mencionados por nenhum dos participantes.

Com isso, alguns dos respondentes enfatizaram a possibilidade de melhorar a fluência em Libras por meio de recursos e conteúdos digitais, conforme destacam:

> Meus amigos Surdos conversam website dos Surdos à Internet melhor. Sabe mais Libras bem. (AS, 26 anos, estudante universitário)

> Quero aprender sinais para Surdos. (FL, 16 anos, estudante)

Para AS, websites direcionados aos surdos são importantes para fazer amizades com surdos, ter contato com culturas surdas diferenciadas, com novas pessoas, saber dos acontecimentos do mundo, aprender a Libras e melhorar a fluência na língua visual-espacial por meio do contato com outros surdos.[5]

A participante FL foi convidada pela instituição que frequenta a ser instrutora surda,[6] oportunidade que exige maior fluência em Libras. Assim, seu interesse em melhorias em ambientes digitais

---

5 Essas informações foram adicionadas pelo participante por meio da Libras ao explicar sua resposta expressa no formulário da pesquisa em língua portuguesa escrita.

6 O papel de instrutora surda consiste na docência da Libras a membros da comunidade surda e ouvinte. O instrutor surdo não possui formação acadêmica e é assim intitulado aquele que, fluente na Libras, atua em seu ensino e na propagação dessa língua visual-espacial. O Ines e a Feneis oferecem cursos de aperfeiçoamento para que membros das comunidades surdas possam atuar como instrutores em Libras. Ouvintes também podem participar de cursos nessas instituições, no entanto, esses fluentes em Libras são intitulados intérpretes em língua de sinais.

está relacionado a essa oportunidade de trabalho. A respondente fará um curso na Feneis de São Paulo para poder iniciar a docência da Libras, pois considera "difícil sinais alguma palavra". Para FL, o ambiente digital pode viabilizar seu contato com outros surdos sinalizadores e com a Libras presente em conteúdos informacionais, melhorando sua fluência nessa língua visual-espacial e sua atuação como instrutora surda de forma autônoma. Portanto, o fato de usar uma determinada língua não garante a fluência estrutural necessária para seu ensino, necessitando de preparo e qualificação profissional para instruir seu aprendizado.

O ambiente web tem missão e objetivos a serem atendidos com relação ao público-alvo potencial que busca atender a suas necessidades informacionais. Assim, verificados alguns dos principais assuntos/tópicos destacados pelos participantes, foi solicitado aos respondentes a indicação de websites que eles costumavam utilizar, inclusive ambientes web relacionados à surdez. Apenas um dos participantes nunca se interessou em navegar por interfaces de websites específicos para surdos e relacionados à surdez.

Na Tabela 7, verificam-se os principais websites indicados pelos surdos. Em função da quantidade de ambientes listados pelos surdos, tornou-se necessário categorizá-los, conforme segue: portais comerciais gerais, websites de busca, websites de redes sociais, portais de universidades e websites desenvolvidos para os surdos ou que enfocam a surdez. Os websites relacionados à surdez foram subdivididos em: institucionais de ensino e pesquisa, internacionais, e nacionais.

Dos portais comerciais gerais, os mais citados foram o Yahoo e Hotmail. Alguns dos portais mencionados referem-se aos e-mails dos participantes e/ou a notícias e informações diversas (UOL, Terra, MSN, Gmail). Outros representam interesses específicos, como, por exemplo, o ambiente digital da *Folha de S.Paulo*, do Estadão e do *Diário Catarinense*, na busca por notícias sobre o Brasil, sua região e sobre o mundo. A Nova Escola e o Darkside são ambientes digitais que possuem conteúdos informacionais específicos e relacionados com a atuação profissional dos surdos: SB – professora, e RM – programador e webdesigner, que também trabalha

Tabela 7 – Websites indicados pelos surdos.

Categorias	Subcategorias	Uniform Resource Locator (URL)	Nome do site	Ocorrências
Portais comerciais gerais	–	www.yahoo.com.br	Yahoo	4
		www.hotmail.com	Hotmail	3
		www.msn.com.br	MSN	2
		www.gmail.com	Gmail	2
		www.globo.com	Globo	2
		www.uol.com.br	UOL	1
		www.terra.com.br	Terra	1
		www.concursos.com.br	Concursos	1
		www.novaescola.com.br[7]	Nova Escola	1
		www.folhasp.com.br	Folha de SP	1
		www.flogao.com.br	Flogão	1
		www.estadao.com.br	Estadão	1
		www.diariocatarinense.com.br	Diário Catarinense	1
		www.campinas.sp.gov.br	Campinas	1
		www.darkside.com.br	Darkside	1
Websites de busca	–	www.google.com.br	Google	5
		www.cade.com.br	Cadê	1
		www.altavista.com.br	Altavista	1
		www.youtube.com	YouTube	1
Websites de redes sociais	–	www.orkut.com	Orkut	3
		www.gazzag.com	Gazzag	1

Continua

7 Acessível para usuários cegos que utilizam o software DOSVOX – leitor de tela.

Tabela 7 – *Continuação.*

Portais de universidades[8]	—	www.ufrgs.br	UFRGS	1
		www.ufsc.br	UFSC	1
		www.usp.br	USP	1
		www.unesp.br	Unesp	1
Websites desenvolvidos para os surdos ou que enfocam a surdez[9]	Instituições de ensino e pesquisa	www.ines.org.br	Ines	4
		www.feneis.org.br	Feneis	3
		www.sj.cefetsc.edu.br/~nepes	Nepes	1
		www.ges.ced.ufsc.br/	GES	1
		www.ead.ufsc.br/hiperlab/avalibras/moodle/prelogin	Letras-Libras EAD	1
		www.prolibras.ufsc.br	ProLibras	1
	Internacionais	www.deaf.com	Deaf	2
		www.gallaudet.edu	Gallaudet	1
	Nacionais	www.surdosol.com.br	Surdosol	6
		www.diariodosurdo.com.br	Diário do Surdo	3
		www.surdo.com.br	Surdo.com	3
		www.ok.pro.br	Ok.pro	1
		www.assp.com.br/	ASSP	1
		www.surdos-ce.org.br	Surdos-ce	1
		www.dicionariolibras.com.br	Dicionário de Libras	1
		www.niams.com.br	Niams	1

8 UFRGS – Universidade Federal do Rio Grande do Sul; UFSC – Universidade Federal de Santa Catarina; USP – Universidade de São Paulo; Unesp – Universidade Estadual Paulista.

9 Ines – Instituto Nacional de Educação de Surdos; Feneis – Federação Nacional de Educação de Surdos; Nepes – Núcleo de Estudos e Pesquisas em Educação de Surdos (São José/SC); GES – Grupo de Estudos Surdos de Santa Catarina; ASSP – Associação de Surdos de São Paulo.

com realidade virtual. O site de Campinas tem relação com a localização geográfica dos familiares de DR.

O Google foi o website de busca mais citado entre os respondentes, enquanto os demais ambientes, como o Cadê, Altavista e YouTube, foram mencionados pelos surdos de forma esporádica. Vale destacar que a participante SA utiliza o Cadê para encontrar ambientes digitais e surdos na internet, tendo explicado à pesquisadora como utilizá-lo para encontrá-los.

Tem muitos sites dos Surdos usam, tendeu e facil voce procura www.cade.com buscar Surdo [...] e tem muitos sites, somente você usa buscar o Surdo e pegar qual voce escolhe, tendeu? (SA, 47 anos, auxiliar de operações)

Observa-se no trecho destacado acima a estratégia de busca utilizada pela participante para localizar informações e ambientes por meio do Cadê. Sua preocupação em fazer-se compreender por meio da escrita em língua portuguesa ("tendeu?", ou seja, "entendeu?") marca aspectos linguísticos orais, escritos e em Libras na estruturação da frase e na grafia das palavras.

Os portais de universidades representam os ambientes relacionados às áreas de formação profissional de três participantes. Uma participante enfatizou que a UFRGS foi indicada por sua mãe como a melhor na formação profissional de nível superior em relação à educação de surdos. Dessa forma, sua navegação por esse ambiente refere-se à busca por informações sobre a formação de professor, grupos de estudos surdos e demais temas educacionais.

O ambiente web de redes sociais, com destaque ao Orkut,[10] citado pelos participantes surdos foi considerado por Garcêz (2006,

---

10 O Orkut, filiado e mantido pelo Google, é uma rede social virtual criada em janeiro de 2004, com versão em português disponível no início de 2005, e que tem um número crescente de usuários. Garcêz (2006) afirma que, até outubro de 2006, o ambiente possuía cerca de 30 milhões de usuários. Até abril de 2007 foram encontrados mais de 49 milhões de usuários do ambiente, o que apresenta o aumento de membros cadastrados.

p.2) "como uma nova arena política de luta por reconhecimento de identidades estigmatizadas". Embora o ambiente se caracterize como ponto de encontro entre amigos e grupos de afinidade, constatou-se que as

[...] conversações informais que se estabelecem na rede [entre os surdos] geram verdadeiros debates acerca da identidade surda, do 'ser Surdo' no mundo e da aceitação da Língua Brasileira de Sinais como delineadora dessa identidade. (ibidem, p.1).

A autora confere ao Orkut um espaço de discussão com *status* político (compreendido como atividade constituinte dos sujeitos), que prioriza o processo de conversa na desestabilização de preconceitos. Todavia, em seu trabalho, considera a impossibilidade de substituir as atuais arenas e fóruns públicos (assembleias, associações, orçamentos participativos e debates mediados) por esse espaço público virtual, mas enfatiza-o como frutífero, na medida em que facilita a comunicação entre surdos e ouvintes que não dominam a LS.

Nesse aspecto, verifica-se as possibilidades de ampliação de acesso e uso de ambientes informacionais por meio do planejamento da Arquitetura da Informação Digital Inclusiva (Aidi), assim como da aplicação de elementos gerais e específicos de acessibilidade como favoráveis à inclusão da diversidade de usuários potenciais em ambientes informacionais digitais.

Portanto, no contexto dessa pesquisa, as análises de Garcêz (ibidem) enriquecem as questões relacionadas à acessibilidade web na proposta bilíngue da surdez. Considera-se o ambiente digital como um espaço cada vez mais importante e com visibilidade pelos grupos sociais minoritários que possuem as "vozes" silenciadas e os corpos invisíveis, assim como seus direitos e reivindicações. Daí a importância do bilinguismo e da acessibilidade para os surdos, usuários preferenciais da Libras, como formas de expressão e de comunicação possíveis, visíveis e perceptíveis por diferentes grupos sociais, compostos por surdos e ouvintes.

Garcêz (ibidem, p.12-3) afirma que "as questões sobre a luta por reconhecimento dos Surdos e a emergência de um novo espaço midiático" visualizam a discussão com características políticas e democráticas, que alteram a dinâmica do debate público, sem torná-lo menos relevante. O debate público "[...] continua a funcionar com vistas à alteração de entendimentos cristalizados e à ressignificação de temas".

A partir desse enfoque, os websites desenvolvidos para os surdos ou que enfocam a surdez destacados pelos participantes foram divididos em subcategorias. Dessa forma, as observações que seguem visam apresentar esses ambientes informacionais digitais, com destaque a seu objetivo, a sua missão e aos elementos de acessibilidade digital.

Subcategorias de *websites* para os surdos ou com ênfase na surdez

Diante das subcategorias dos ambientes digitais para surdos, destacam-se os *sites* do Ines e da Feneis no *ranking* das instituições de ensino e pesquisa.

O Ines é um órgão do Ministério da Educação e Cultura (MEC) que tem como missão institucional a produção, o desenvolvimento e a divulgação de conhecimentos científicos e tecnológicos na área da surdez, em todo o território nacional. Subsidia a Política Nacional de Educação, na perspectiva de promover e assegurar o desenvolvimento global da pessoa surda, sua plena socialização e o respeito a suas diferenças. O instituto tem cursos diversos, desde a educação infantil até o ensino médio.

O website do Ines tem diversos serviços para atender às necessidades informacionais dos surdos. De forma geral, os conteúdos são curtos, objetivos e apresentam-se em português escrito, sendo facilitada a localização das informações por meio do mapa do site (Figura 19).

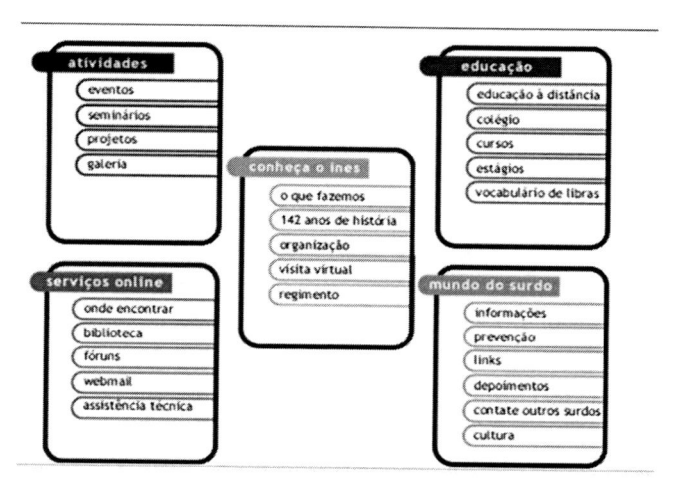

Figura 19 – Mapa do site – Ines.
Fonte: Ines (2011)

O website do Ines disponibiliza o dicionário de Libras ("vocabulário de Libras") como o único conteúdo apresentado em LS, cuja função é a aquisição e/ou consulta de vocabulário, principalmente para ouvintes ou surdos aprendizes da Libras.

Considera-se que esse ambiente informacional digital, por sua representatividade, poderia inserir alguns elementos de acessibilidade em sua interface para ampliar as possibilidades de acesso e uso, permitindo que surdos não usuários da língua portuguesa escrita também pudessem usufruir do sistema. As aplicações de elementos de acessibilidade surgem como condições de acesso aos surdos no ambiente digital do Ines, no contexto de ressignificação identitária, democrática e política da surdez enquanto diferença. Da mesma forma, a acessibilidade pode ampliar as condições de acesso informacional digital para outros tipos de usuários, independente de suas condições sensoriais, linguísticas e motoras, mas em conformidade com suas habilidades, necessidades e preferências.

Na subcategoria Internacionais, o website intitulado Deaf.com foi o mais citado pelos participantes, conforme interface em destaque na Figura 20. O Deaf.com tem como proposta fornecer fontes de informações sobre a comunidade surda, sua forma de vida, suas perspectivas e tópicos sobre linguagem, educação, vida familiar, entre outros.

Moore (2007), surdo de nascença e presidente da Deaf.com, afirma que deseja tornar esse ambiente web o melhor, mais atrativo, compreensível e agradável da internet. O lema da companhia de Moore é *"Making the world a better place for the next Deaf generation and for Deaf people now"*, procurando oferecer um site útil e informativo sobre algumas facetas da comunidade surda, além de divertido e com facilidade de uso pelos usuários surdos.

O website tem link para bate-papo (*deafchat*); grupo de discussão (*deafnotes*); notícias e atualidades (*deafnews*); loja (*deafstore*); amigos de surdos, pesquisadores e pessoas surdas que contribuíram para a melhoria na qualidade de vida da comunidade surda, com apresentação de uma breve biografia (*deafpeople*); e conferências e eventos relacionados à surdez e aos surdos (*deafconf*).

Figura 20 – Ambiente web internacional – Deaf.com.
Fonte: Deaf.com (2011)

Dentre os diversos tópicos apresentados no ambiente informacional do Deaf.com destacam-se: personalidades surdas e ouvintes que contribuíram com a história da comunidade surda; informações sobre o *Gallaudet* – Universidade para Surdos; vida do surdo; mercado de trabalho; destaque do mês, com personalidades da história; conferência e evento; definições e discussões sobre o que é a "cultura surda"; implante coclear; igreja para surdos, entre outros assuntos. Além desses conteúdos, o ambiente digital abre espaço para emissão de opinião pública pelos surdos, com votação sobre tópicos específicos relacionados à surdez.

Apesar de o ambiente não apresentar recursos de acessibilidade digital com a presença da LS, SignWriting, vídeos (com ou sem legenda) ou recursos hipermídia, o conteúdo informacional disponível apresenta tópicos relevantes e de interesse dos membros das comunidades surdas.

Dentre os sites citados na subcategoria Nacionais, o Surdosol foi mencionado por seis participantes, por outro lado, o Diário do Surdo e o Surdo.com, por apenas três respondentes. Os ambientes do Surdosol e do Surdo.com serão detalhados a seguir, enquanto o Diário do Surdo será pontuado na seção "Análise de elementos de usabilidade".

O Surdosol (Surdos on-line), no período em que foi realizada a pesquisa empírica, apresentava como objetivo disponibilizar conteúdos informacionais, eventos, lazer, entre outros assuntos relacionados aos surdos e à surdez.

Na Figura 21, ilustra-se a interface do ambiente do Surdosol, com destaque para o layout e os conteúdos informacionais digitais. Esse ambiente informacional digital apresentava informações sobre associações, igrejas e eventos de diversas regiões do Brasil. O website não era patrocinado, mantendo-se com o auxílio financeiro dos próprios usuários, de acordo com informações disponíveis no ambiente no decorrer da pesquisa empírica realizada.

O website apresentava conteúdos sobre a Comunidade surda (Alfabetos, Associações, Camisas, Dúvidas, Emprego, Eventos, Igrejas, Lei de Libras, Lista de intérpretes, Livros); Diversão (De-

Figura 21 – Homepage do Surdosol – antiga.

Fonte: Surdosol (2008)

senhos, *Download*, Fórum, Fotos on-line, LinkSurdo, Livro de visitas, *wallpapers*); e Surdos on-line (História, Sinal, Símbolo e formulário de contato).

O ambiente digital do Surdosol, assim como o website Deaf. com, não apresentou recursos de acessibilidade digital como presença da LS, SignWriting ou vídeos (com ou sem legenda).

Outro aspecto relevante a ser apontado é a liberdade do usuário surdo na inserção de arquivos no ambiente, como, por exemplo, no link "Desenhos". Os conteúdos informacionais disponíveis apresentaram-se em nível nacional, com eventos, igrejas e associações espalhadas pelo Brasil. Verifica-se que a preocupação com a comunicação via bate-papo tornou-se marcante, via softwares específicos (Messenger, mIRC, CamFrog e ooVoo). A relação de livros sobre surdez visava apenas orientar o usuário sobre a literatura disponível, não havendo interesse e possibilidade de compra desses produtos por meio do sistema.

A Lei de Libras em destaque no ambiente referia-se ao Decreto n. 5.626, de 22 de dezembro de 2005, que regulamenta a Lei n. 10.436/2002 e o art. 18 da Lei n. 10.098/2000 sobre a interação da pessoa surda com o mundo por meio de experiências visuais com manifestações culturais próprias, principalmente com o uso da Língua Brasileira de Sinais (Brasil, 2005e). No link "Empregos", o empregador disponibilizava vagas de trabalho aos surdos para que estes pudessem entrar em contato. O website foi analisado em 2006, 2007 e em 2008, e em nenhum desses períodos foram encontradas vagas de trabalho disponíveis no ambiente.

Todavia, com a grande flexibilidade e dinamismo presentes na estruturação de ambientes informacionais digitais, em especial de websites disponíveis na internet, o Surdosol alterou seu objetivo e interface. Em análise do referido ambiente web nos anos de 2010 e 2011, considerando-se as novas tecnologias e a geração web 2.0, com ênfase nas redes sociais que circulam pela cibercultura, o ambiente Surdosol aderiu às mudanças contemporâneas e atua no contexto das redes sociais colaborativas, com ambiente digital específico para relacionamento entre surdos e ouvintes que tenham em comum se conhecer (Figura 22). Observa-se que alguns links permanecem, embora renomeados, tais como: "Associações", "Empregos", "Álbuns". Em "Empregos" continua a não existir informações disponíveis ao usuário.

Figura 22 – Rede social Surdosol.
Fonte: Surdosol (2011)

Pelas estatísticas da rede, encontram-se registrados no ambiente 4.700 usuários; 12.414 amizades; 16.214 postados; 1.184 comentários; 10 grupos; 5 enquetes; 36 votações nas enquetes; 19 vídeos; 4 tópicos de fóruns; 2 eventos; 33 artigos; 86 blogs; 7.173 fotos. Para acessar alguns dos conteúdos informacionais, é necessário que o usuário faça seu registro na rede.

Desta forma, assim como em outras interfaces, no Surdosol a Língua de Sinais continua a não prevalecer neste ambiente atualizado e reestruturado em conformidade com a geração web 2.0 contemporânea. Contudo, sabe-se que não são todos os surdos que se utilizam da Língua de Sinais em suas interações, portanto para viabilizar a acessibilidade a uma camada ampliada de usuários com problemas auditivos propõe-se a aplicação da perspectiva bilíngue da surdez no âmbito da inclusão de surdos neste ambiente digital.

Para Vidotti, Cusin e Corradi (2008, p.181-2), as novas tecnologias de informação de comunicação permitem inovadoras interações com a acessibilidade em ambientes web. Os autores enfatizam a necessidade de estruturação de "novos elementos da Arquitetura da Informação para que os usuários possam atuar no ambiente informacional", valendo-se dos processos de "armazenamento, relacionamento, representação e contextualização dos seus conteúdos informacionais sem perder o contexto circundante."

O website Surdo.com tem diversos conteúdos informacionais para usuários surdos, com destaque a Serviços, Notícias, Leis, Surdos, Em ação, Dicas culturais, Qualidade de vida, Colunista, Entrevistas, Classificados, Talentos e Links, conforme a Figura 23.

As buscas por informações pelos serviços oferecidos no website ocorrem por meio de tópicos e localizações geográficas. O usuário verifica o tópico que busca e escolhe o estado do país em que deseja encontrar a informação. A base de dados do sistema está em construção e os responsáveis pelo website disponibilizaram um espaço para inserção de novas informações. Vários serviços encontram-se indisponíveis ou sem nenhum resultado no procedimento de busca realizado. Os tópicos Surdos, Em ação, Dicas culturais, Qualidade de vida, Classificados, Talentos e Links não se encontram disponí-

Figura 23 Homepage do Surdo.com.

Fonte: Surdo.com (2007)

veis, estão em fase de teste e sem nenhum conteúdo informacional disponível. Exceto Dicas Culturais, que apresenta conteúdo sobre uma exposição, embora a informação esteja desatualizada.

Constatou-se que o Surdo.com não apresenta elementos de acessibilidade digital para usuários surdos e há diversos problemas que podem ocasionar baixa usabilidade do site, como, por exemplo, a enorme quantidade de páginas em teste. Com isso, o usuário perde tempo navegando por páginas sem conteúdo e pode desistir de acessar esse ambiente informacional digital. Sugere-se, portanto, que seja (re)planejado o ambiente web do Surdo.com, com a aplicação de elementos de acessibilidade digital e que sejam disponibilizadas apenas as páginas que contêm conteúdo navegável pelo usuário, com flexibilidade capaz de permitir a adição de novos conteúdos informacionais quando necessário.

O ambiente foi analisado no ano de 2008 e encontrava-se estático, exatamente como descrito na análise realizada em 2006 e 2007. Não houve nenhuma atualização das informações e a dica cultural disponível estava datada com o ano de 2005.

Nos ambientes digitais apresentados nesta seção foram identificados problemas de usabilidade e navegação, assim como a ausência de elementos de acessibilidade digital para usuários surdos, em especial. Assim, torna-se fundamental visualizar a acessibilidade web para diferentes tipos de usuário, inclusive os surdos, o público-alvo desses ambientes, assim como aos ouvintes interessados na temática da surdez. Para tanto, torna-se legítimo aplicar a acessibilidade associada ao desenho universal no intuito de planejar uma Aidi no sentido de ampliar os espaços informacionais para a comunidade surda, quanto à ressignificação da surdez, com qualidade de uso e flexibilidade no atendimento às necessidades informacionais dos usuários.

Elementos de acessibilidade digital

O questionário referente à acessibilidade digital contou com a colaboração de seis surdos participantes da pesquisa dentre os nove respondentes iniciais. Assim, baseados nos ambientes indicados pelos próprios surdos e na literatura sobre acessibilidade e usabilidade digital, apresentam-se na Tabela 8 os elementos de acessibilidade e a relevância de aplicações em ambientes digitais pontuadas pelos participantes no âmbito qualitativo e quantitativo.

Com isso, consideraram-se totalmente relevantes ou relevantes, de maneira indistinta pelos respondentes, os seguintes elementos:

– presença de legendas (*closed caption*) em língua portuguesa para vídeos; e
– presença da LS/Libras em ambientes digitais.

Já os elementos que seguem foram assim considerados por três ou mais respondentes:

– apresentação de conteúdo em imagens, fotografias e sons disponíveis também em formato de texto em língua portuguesa;
– apresentação de textos em língua portuguesa, disponíveis também em vídeos dinâmicos em Libras;

- vídeos em Libras com legendas em língua portuguesa;
- apresentação de contéudos digitais em diferentes formatos (texto, imagem, vídeo e som) e em hipermídia;
- diferenciação de cores entre os conteúdos e links consultados;
- alternativas de mudanças de cor, tamanho da fonte, tamanho da tela, e ajustes de som;
- presença do SignWriting (escrita da LS) em ambientes digitais;
- controle do usuário sobre as apresentações das informações (voltar, adiantar, parar, começar); e
- disponibilizar dicionários digitais da Libras para consulta.

Foram considerados irrelevantes ou indiferentes na aplicação de ambientes digitais, pela maioria dos respondentes:

- mecanismos de ajuda que auxiliem o usuário diante de suas dificuldades de navegação e fornecimento de respostas (*feedback*) a suas dúvidas por meio digital (e-mail); e
- disponibilizar o Player Rybená para acessar o conteúdo informacional digital.

Em relação à indiferença quanto à aplicação de mecanismos de ajuda para o usuário, observou-se que os surdos evitam o uso da escrita em língua portuguesa. As comunicações entre surdos e ouvintes por meio da escrita possuem diferenças gramaticais, influenciadas pelo uso da Libras em sua estrutura própria. As dificuldades e a insegurança relacionadas à língua portuguesa são destacadas pela participante SA:

> Eu gostaria muito de web sobre Surdos, mas infelizmente por causa da matéria "português – (por exemplo: – verbo, mais as palavras não conheço), mas eu pedi alguma pessoa me explica e eu entendo ou procura o dicionário para saber. (SA, 47 anos, auxiliar de operações)

Para SA, a língua portuguesa, em sua estrutura e seu vocabulário, torna-se fator que dificulta o acesso à informação, sendo necessário recorrer ao auxílio de terceiros na interpretação do texto em Libras e ao dicionário para ampliação de vocabulário e significado de palavras desconhecidas.

Outro aspecto relevante a ser destacado no decorrer da pesquisa empírica envolve a preocupação de RM em frisar sua habilidade na leitura labial e na oralidade/verbalização da língua portuguesa, mesmo sendo surdo profundo congênito, embora tenha destacado que a interpretação em Libras seja fundamental em seu contato com o mundo. Destaca, ainda, que a língua portuguesa é difícil, mas que consegue entender razoavelmente bem o que lê, e escreve com dificuldade. Observa-se, neste caso específico, que o participante utiliza os recursos disponíveis para comunicar-se e ter acesso às informações que necessita em seu dia a dia: Libras, escrita, leitura labial e oralidade/verbalização.

Dentre os elementos apresentados encontram-se os específicos direcionados a viabilizar as condições de acesso aos usuários surdos: as legendas em vídeos, os recursos hipermídia, a presença da Libras e do SignWriting em ambientes informacionais digitais. Por outro lado, consideram-se elementos de acessibilidade digital gerais: alternativas de mudança no layout, controle do usuário, contrastes de cores, ajustes de som e tamanho de fonte.

O SignWriting apresenta-se como um elemento passível de discussões, pois muitos dos participantes, principalmente os localizados no estado de São Paulo desconheciam previamente a escrita em LS. Observou-se que para a maioria dos respondentes a escrita convencional das línguas oral-auditivas era a única forma de expressão textual. Nesta pesquisa, portanto, considera-se o SignWriting como um elemento de acessibilidade digital, por atender às necessidades informacionais de alguns dos usuários surdos potenciais de ambientes digitais, independentemente de sua localização geográfica. Esse aspecto pode ser aprofundado em estudos futuros, de acordo com a evolução e popularização da escrita das LS e sua relevância na qualidade de vida dos surdos.

Os dicionários digitais foram considerados significativos (totalmente relevantes e relevantes) para a maioria dos participantes.

Tabela 8 – Relevância dos elementos de acessibilidade.

Elemento de acessibilidade	Níveis de relevância				
	Totalmente relevante	Indiferente	Relevante	Irrelevante	Totalmente irrelevante
Imagens, fotografias e sons disponíveis também em textos escritos em português.	FL	SB	RM, DR, RS	AS	–
Textos em português disponíveis também em vídeos dinâmicos em Libras.	DR, FL, SB	AS	RM, RS	–	
Vídeos em Libras com legenda em português.	DR	RM, FL, RS	AS, SB	–	–
Contéudos digitais em diferentes formatos e em hipermídia.	FL, SB	RM	DR, RS	AS	–
Diferenciação de cores entre os conteúdos e links já consultados.	AS, SB	RM, FL	DR, RS	–	–
Alternativas de mudanças de cor, tamanho da fonte, tamanho da tela, ajuste de som.	SB	FL, AS	RM, DR, RS	–	–
Presença de legendas em português para vídeos.	DR, FL, AS, RS, SB	–	RM	–	–
Presença da Libras em ambientes digitais.	RM, DR, FL, AS, SB	–	Re	–	–
Presença do SignWriting (escrita da Língua de Sinais) em ambientes digitais.	DR, FL, SB	AS, RS	–	RM	–
Controle do usuário sobre as apresentações das informações (voltar, adiantar, parar, começar).	SB	DR, FL, AS	RM, RS	–	–
Mecanismos de ajuda e respostas ao usuário via e-mail.	SB	RM, DR, FL	RS	AS	–
Presença de dicionários digitais em Libras para consulta.	FL, AS, SB	DR	RM, RS	–	–
Presença do Player Rybená para acesso ao conteúdo disponível.	RS	FL, RS, SB	–	AS	DR

Todavia, verificou-se que a ênfase nesses dicionários digitais em Libras foi destacada pelo participante RM relacionada ao processo de aquisição de vocabulário em LS pelos ouvintes, mais do que pelos próprios surdos. Esse aspecto torna-se relevante por causa da construção da identidade surda pelos respondentes e dos depoimentos quanto à necessidade e ao desejo de ampliar a divulgação da Libras. Nesse contexto, portanto, os dicionários em Libras beneficiariam tanto os ouvintes quanto os surdos na aquisição de vocabulário e consultas referentes a essa língua visual-espacial em ambientes digitais.

Atualmente, os dicionários contribuem na assimilação de novos vocabulários e apenas apresentam exemplos escritos para orientar o aprendiz, o que precisa ser ampliado no contexto digital com o favorecimento de tecnologias de informação e comunicação e dos avanços no campo da realidade virtual. Em analogia aos dicionários em língua portuguesa, os dicionários digitais poderiam apresentar em Libras a explicação semântica dos vocábulos, por exemplo, ou apresentar as aplicações de determinados termos em diferentes contextos, como "laranja" – a cor laranja ou a fruta laranja? Ou seria sábado? Todos esses vocábulos possuem o mesmo sinal, com a mesma configuração de mão, na mesma localização espacial, com o mesmo movimento, embora com significados diferentes em conformidade com seu contexto de uso.

O Player Rybená seria uma importante tecnologia digital a ser disseminada. Os surdos consideraram o aplicativo irrelevante ou indiferente por não estar presente em nenhum dos ambientes informacionais digitais mencionados, o que representa o desconhecimento dos surdos quanto à existência dessa tecnologia e a pouca aplicação desta em diversas ambiências. Dos nove participantes da pesquisa, cinco declararam conhecer o aplicativo, embora não o utilizem para acessar as informações disponíveis em ambientes digitais.

Apesar dos problemas mencionados no Capítulo 4 sobre o funcionamento do Player Rybená, considera-se essa tecnologia um avanço no contexto da acessibilidade digital, a qual precisa de um refinamento e ajustes técnicos para promover melhores condições de uso em ambientes informacionais digitais para usuários surdos, em especial.

Conteúdo informacional digital sobre a comunidade surda

Dos nove participantes da pesquisa, apenas cinco contribuíram com o questionário completo, o que inclui a presente seção relacionada ao conteúdo digital disponível ao atendimento das necessidades informacionais de usuários surdos, em específico.

Os itens que compõem o questionário apresentam questões específicas quanto ao conteúdo e seus formatos de apresentação das informações, objetivando-se verificar as percepções dos surdos associadas aos ambientes informacionais digitais relacionados à surdez. Consideraram-se os ambientes específicos para atender às necessidades informacionais de usuários surdos como um ponto de partida para melhorias tanto naqueles quanto em ambientes informacionais digitais gerais.

Dessa forma, a frequência de apresentação desses conteúdos pode variar de um website para outro, em conformidade com os objetivos e a missão do ambiente. Todavia, é importante destacar que os conteúdos e seus formatos de apresentação foram em grande maioria encontrados algumas vezes (28) ou muitas vezes (18) pelos respondentes. Poucas foram as ocorrências daqueles que nunca (7) encontraram os conteúdos e formatos de documentos sugeridos no questionário de pesquisa. Alguns dos ambientes utilizados pelos respondentes possibilitaram a recuperação de determinados conteúdos e formatos raramente (17) ou sempre (14). Apenas uma participante não assinalou um dos intens sugeridos, conforme é ilustrado na Tabela 9.

Assim, os conteúdos disponíveis em ambientes digitais para surdos encontrados sempre e/ou muitas vezes pelos participantes foram:

— informações sobre a cultura surda (piadas, histórias, contos, poesias);

Tabela 9 – Frequência de conteúdos em websites relacionados à surdez.

Conteúdos e formatos de documentos disponíveis	Níveis de frequência					
	Às vezes	Muitas vezes	Raramente	Sempre	Nunca	Não respondeu
Relatos de pais ouvintes com filhos surdos.	LG	–	DR, SB	AS	RM	–
Relatos de pais surdos com filhos surdos.	RM	LG	DR	–	AS, SB	–
Apresentação de conteúdos textuais, escritos e orais, com interpretação para a Libras.	RM	AS, LG	DR, SB	–	–	–
Informações em vídeo com legenda de texto.	–	RM	DR, SB	AS	–	LG
Informações sobre a cultura surda (piadas, histórias, contos, poesias).	RM, DR	SB, LG	–	AS	–	–
Informações sobre produtos para facilitar a vida do surdo (babá eletrônica, campanhia, celular, entre outros).	LG	AS, SB	RM	–	DR	–
Informações sobre o SignWriting: como surgiu, qual sua função para os surdos.	AS, SB	–	RM, DR, LG	–	–	–
Literatura para surdos (SignWriting ou interpretação para a Libras).	RM, SB	–	DR, AS, LG	–	–	–
Informação sobre educação, lazer e saúde para Surdos.	RM, DR, SB	–	–	AS, LG	–	–
Rede de Surdos conectados à Internet.	–	DR, SB, LG	RM	AS	–	–
Profissionais surdos bem-sucedidos e surdos famosos da história.	DR, SB, LG	–	–	–	RM, AS	–
Mercado de trabalho para os surdos.	SB, LG	DR	–	RM, AS	–	–

Continua

Tabela 9 – *Continuação*

Conteúdos e formatos de documentos disponíveis	Níveis de frequência					
	Às vezes	Muitas vezes	Raramente	Sempre	Nunca	Não respondeu
Perspectivas de ensino para surdos: oralismo, comunicação total e bilinguismo.	DR	–	RM	AS, SB	LG	–
Tecnologias criadas para facilitar o acesso do surdo no ambiente digital.	LG	RM, DR, AS	SB	–	–	–
Website para surdos apresenta conteúdo relevante para seus usuários sobre a surdez.	RM, DR, SB, LG	–	–	AS	–	–
Facilidade em encontrar informações sobre a comunidade e cultura surda em websites para surdos.	SB, LG	RM, DR	–	AS	–	–

- rede de surdos conectados à internet;
- mercado de trabalho para os surdos;
- tecnologias criadas para facilitar o acesso dos surdos em ambientes digitais;
- informações históricas sobre a LS e os surdos; e
- facilidade em encontrar informações sobre a comunidade e cultura surda em websites para surdos.

Em contrapartida, três ou mais respondentes declararam encontrar algumas vezes os seguintes conteúdos:

- informação sobre educação, lazer e saúde para surdos;
- profissionais surdos bem-sucedidos e surdos famosos da história; e
- relevância em conteúdos sobre a surdez disponíveis em websites para usuários surdos.

Destacaram-se como conteúdos encontrados raramente e/ou nunca em ambientes digitais para surdos:

- relatos de pais ouvintes/surdos com filhos surdos;
- informações sobre o SignWriting; e
- literaturas para surdos em formatos específicos (SignWriting e Libras).

Alguns dos ambientes utilizados pelos participantes promoveram empate entre as opiniões expressas no questionário. Dessa forma, alguns conteúdos informacionais divergiram entre as frequências de disponibilidade, apresentando índices iguais quanto à alta (muitas vezes e/ou sempre) e à baixa (nunca e/ou raramente) incidência em websites. Os conteúdos destacados nesses contextos referem-se a:

- apresentação de conteúdos textuais, escritos e orais, com interpretação para a Libras;
- informações em vídeo com legenda de texto;
- informações sobre produtos para facilitar a vida do surdo (babá eletrônica, campainha luminosa, celular, entre outros); e
- perspectivas de ensino para surdos: oralismo, comunicação total e bilinguismo.

Apesar de os participantes RM e DR considerarem aspectos relevantes a facilidade na recuperação de informações sobre a comunidade e a cultura surda em websites, eles assinalaram que nem sempre encontram conteúdos sobre a surdez relevantes em ambientes informacionais digitais. Esse aspecto caracteriza a necessidade de inserção de conteúdos abrangentes e significativos aos usuários surdos nesses ambientes específicos, assim como planejar ambiências gerais que possam atender às necessidades informacionais desse público-alvo em especial.

As questões relacionadas à surdez que compõem o questionário consideram aspectos específicos de acessibilidade em ambientes informacionais digitais. Se os desenvolvedores de websites direcionados para o público-alvo surdo, em especial, aplicam de forma escassa elementos de acessibilidade, a ideia de criar ambientes informacionais acessíveis baseados no desenho universal pode tornar-se um desafio ainda mais abrangente relacionado às condições de acesso aos surdos.

Análise de elementos de usabilidade

Com a diversidade de ambientes e interesses pontuados pelos participantes, assim como os elementos de acessibilidade digital assinalados, tornou-se fundamental verificar a usabilidade de alguns websites indicados pelos surdos quanto à satisfação desse usuário. Para tanto, diante dos websites nacionais para surdos ou relacionados à surdez indicados pelos participantes da pesquisa, realizou-se o *ranking* dos ambientes que se segue:

www.surdosol.com.br (6)
www.ines.org.br (4)
www.diariodosurdo.com.br (3)
www.surdo.com.br (3)
www.feneis.org.br (3)
www.ok.pro.br (1)

Para verificar a usabilidade dos websites, os surdos participantes da pesquisa foram convidados a escolher um desses ambientes e preencher um formulário fechado (Apêndice B) composto por dezesseis itens quanto a sua satisfação em relação ao conteúdo, à interface e aos tipos de documentos apresentados nesse ambiente digital.

Os ambientes avaliados foram de livre escolha dos participantes, diante das alternativas pontuadas no *ranking* de sites nacionais indicados. O último ambiente (www.ok.pro.br), citado por apenas um dos participantes, considerou-se como alternativa para análise dos respondentes surdos sinalizadores, principalmente.

Participaram da avaliação de usabilidade dois respondentes (SB e DR) com dois websites direcionados aos surdos e à surdez diferenciados: o da Feneis e o do Diário do Surdo. A participante SB avaliou o ambiente informacional da Feneis, com a devolutiva do formulário datada de 11 de janeiro de 2007. A participante DR verificou sua satisfação de usabilidade no ambiente do Diário do Surdo e retornou com o formulário em 3 de fevereiro de 2007.

Feneis – Federação Nacional de Educação e Integração dos Surdos

A Feneis é uma entidade filantrópica que trabalha para representar as pessoas surdas, com caráter educacional, assistencial e sociocultural no que consiste no reconhecimento das culturas surdas na sociedade. A entidade representa os surdos em organizações mundiais como a Organização das Nações Unidas (ONU), a Organização das Nações Unidas para a Educação, a Ciência e a Cultura (Unesco), a Organização dos Estados Americanos (OEA) e a Organização Internacional do Trabalho (OIT), para garantir os direitos culturais, sociais e linguísticos da comunidade surda mundial. Por meio desse intercâmbio, os surdos do mundo todo podem se relacionar, conhecer a luta de cada um e formar uma rede democrática de direito universal à cidadania.

Quanto à usabilidade do ambiente, a participante SB apontou estar totalmente satisfeita com a homepage do sistema (Figura 24), que apresenta o objetivo do site de forma rápida e clara, identificando o público-alvo a que se destina o ambiente informacional digital. Declarou estar satisfeita com a clareza dos textos escritos em língua portuguesa, com a utilidade do conteúdo disponível para os surdos e com o atendimento às necessidades informacionais do público-alvo a que se destina.

As insatisfações da participante focaram questões de acessibilidade para usuários surdos em destaque neste livro. Dessa forma, em conformidade com o formulário de usabilidade, SB apresentou-se insatisfeita, por exemplo, com a ausência de ícones em LS e com o sistema de busca por informações pelo site. Da mesma forma, apresentou-se totalmente insatisfeita com o uso de legendas escritas em língua portuguesa na apresentação das informações em vídeos.

Figura 24 – Homepage da Feneis - antiga.
Fonte: Feneis (2007a)

A usuária não identificou no website da Feneis alternativas de ajustes no tamanho da fonte, cores da página ou contraste, tamanho da tela e ferramentas de controle do usuário na interação com as informações. Considerados como elementos de acessibilidade específicos para usuários surdos, não foram identificados o aplicativo Player Rybená e informações traduzidas para a Libras nesse ambiente informacional digital.

Verifica-se que esse ambiente, embora seja da Federação Nacional de Educação e Integração de Surdos, não apresenta em sua interface diversos elementos de acessibilidade digital apontados nesta pesquisa para os surdos, em especial, como público-alvo principal que deveria atender com seu conteúdo informacional. Contudo, a usuária SB enfatizou estar satisfeita com os conteúdos disponíveis nesse ambiente para o atendimento de suas necessidades informacionais.

Em conformidade com as percepções da participante SB, sugerem-se melhorias baseadas no planejamento da Aidi para a interface do ambiente informacional da Feneis. Entretanto, após as percepções emitidas pela respondente, modificações foram visualizadas nesse ambiente, que se apresenta reestruturado, com novo layout e design de interface, conforme ilustrado na Figura 25.

Figura 25 – Novo layout do website da Feneis.
Fonte: Feneis (2007b)

Partindo-se de algumas das insatisfações da participante SB quanto à acessibilidade, a nova interface apresenta a LS (Figura 25), visibilidade dos conteúdos disponíveis, melhoria na recuperação das informações, mecanismo de busca na homepage e sistema de rotulagem objetivo, facilitando a navegabilidade pelo ambiente.

Na apresentação em LS, a informação transmitida refere-se às mudanças no website, solicitando que o usuário responda à enquete disponível na lateral esquerda da tela sobre o novo layout web da Feneis. Há o controle do usuário na visualização do vídeo em Libras, assim como a barra de navegação do ambiente, com os itens que compõem o tópico "Infosurdo".

O atual site da Feneis continua com a carência de elementos de acessibilidade em sua interface, embora tenha tornado visível os meios para ampliar os conhecimentos sobre a Língua de Sinais por meio de dicionário e de curso de Libras (Figura 26). Na navegação pelo ambiente, o usuário poderá encontrar alguns vídeos em Língua de Sinais, mas o tratamento destas informações é escasso e incipiente.

Da mesma forma, outro problema de usabilidade identificado na interface refere-se ao menu, uma vez que o usuário precisa da

Figura 26 – Homepage da Feneis - atual.
Fonte: Feneis (2011)

barra de rolagem para localizá-lo na tela, lado esquerdo, vindo abaixo do link "Busca no site".

No entanto, apesar das relevantes melhorias identificadas no website da Feneis em março de 2007 em relação às percepções da participante desta pesquisa em janeiro do mesmo ano, constata-se que há a ausência de aplicação dos elementos de acessibilidade digital pontuados pelos surdos e destacados no Modelo para Análise e Desenvolvimento de Ambientes Informacionais Digitais Inclusivos (Madaidi) no capítulo seguinte (Capítulo 6), assim como despadronização na organização das informações na interface dificultando a recuperação de informações e navegabilidade pelo usuário.

Considera-se como melhoria na qualidade da apresentação das informações o uso de recursos hipermídia, presença da Libras e um espaço amplo para os surdos atuarem como protagonistas nesse processo inclusivo. A enquete que foi disponibilizada na interface da Feneis em março de 2007 caracterizou-se como uma alternativa significativa para verificar o impacto das alterações realizadas na interface pelos usuários do ambiente diante da perpectiva bilíngue da surdez.

Com isso, enfatiza-se que a associação de elementos de acessibilidade com atuação de usuários surdos envolve o processo de inclusão digital e social dos membros das comunidades surdas que veem o website da Feneis como um ambiente rico em informações para os surdos, assim como para os ouvintes interessados na temática da surdez. O discurso ideológico e participativo deve ser vivenciado pelos usuários desse website, não apenas em sua representatividade, mas na aplicação de direitos linguísticos, sociais e culturais dos surdos, assim como na visualização de suas reivindicações por melhorias em interfaces digitais apresentadas nesta pesquisa, na democratização da informação e na acessibilidade digital.

Em julho de 2008, observaram-se várias atualizações no ambiente digital da Feneis no âmbito informacional. No menu foram adicionados os links Jornal da Feneis, Campanha, Manisfestação, ChatFeneis, e o rótulo Eventos foi desvinculado de Fotos, o qual não aparece na interface atual.

Já em 2011, o menu lateral esquerdo apresenta como links Manifestos, Surdocegos (aparece na versão de janeiro de 2007 e não na de março do mesmo ano), Legislação (em destaque de alguma forma nas duas versões de 2007), Tecnologias (presente na versão de março de 2007 no menu superior da tela e como informática na versão de janeiro de 2007 na lateral esquerda), Biblioteca Virtual (presente na versão de março de 2007), Associações (presente na versão de março de 2007 no menu superior da tela), Dia do Surdo, Revista da Feneis (presente na versão de janeiro de 2007 no menu superior da tela e na de março de 2007 na lateral esquerda). Os links Dúvidas?, Materiais em Libras, Saúde-surdez e Outros links estão presentes somente nesta versão de 2011.

Diário do Surdo

O Diário do Surdo iniciou-se em 2004, primeiramente pelo estudante Aldo Neto (idealizador do www.planetadossurdos.kit.net, com vários assuntos relacionados à surdez: tecnologias, serviços, fotos, fórum, loja virtual, escolas e faculdades, bate-papo) e em parceria com Denis Repullo Abreu (idealizador de outro ambiente web para surdos, o www.surfsurdo.hpg.ig.com.br, que visava agregar o número de fãs do ICQ, acrônimo de *I Seek You*, e um programa de comunicação instantânea pela internet), que, juntos, criaram esse ambiente informacional digital para os surdos.

A usabilidade do website Diário do Surdo foi avaliada por DR, que se apresentou satisfeita com a homepage (Figura 27) do sistema quanto à identificação do público-alvo a que se destina. Pontuou sua satisfação quanto à utilidade dos conteúdos, a facilidade no uso de serviços de busca por informações no ambiente e a disponibilidade de informações que atendam às necessidades do surdo.

Por outro lado, a participante mencionou insatisfação com a homepage em relação à apresentação do objetivo do site de forma clara e rápida, a ausência da Libras, de ícones em LS e língua portuguesa escrita simultaneamente, o uso de legendas em língua portuguesa na apresentação de conteúdos em vídeos e alternativas de ajustes de contrastes de cores e tamanho da fonte dos textos.

A respondente apresentou-se indiferente quanto à satisfação com a clareza dos textos escritos em língua portuguesa, a facilidade no retorno a página principal, o ajuste no tamanho da tela e as ferramentas de controle de tempo de interação com a informação. Em sua avaliação de usabilidade, a participante não identificou no website Diário do Surdo o aplicativo Player Rybená e a presença do SignWriting em contéudos e ícones.

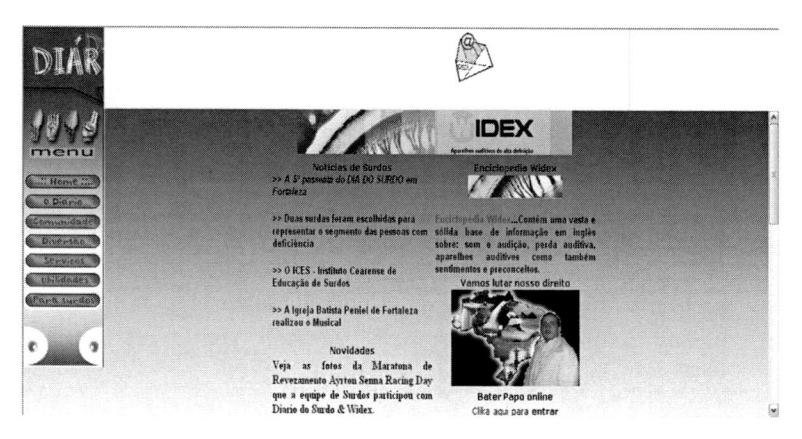

Figura 27 – Homepage do Diário do Surdo.
Fonte: Diário do Surdo (2007)

Dos diversos itens sugeridos no formulário, a insatisfação da participante se apresentou em uma quantidade reduzida de elementos, e baseou-se na organização das informações no ambiente digital e na ausência de elementos de acessiblidade aplicados à interface.

Portanto, sugere-se, a partir dessa avaliação de usabilidade, que o ambiente informacional digital do Diário do Surdo seja (re)planejado com base na Aidi e no Madaidi apresentado no Capítulo 6, em conformidade com as reivindicações feitas pelos próprios surdos que contribuíram com a pesquisa, na ressignificação da surdez, assim como em sua inclusão digital e social na sociedade da informação.

Neste capítulo, foram traçados os perfis dos participantes em sua constituição enquanto surdos interativos e exigentes. As percepções e depoimentos dos participantes da pesquisa forneceram subsídios para pontuar os elementos de acessibilidade, os conteúdos informacionais e, de forma preliminar, os aspectos de usabilidade fundamentais para a construção de ambientes digitais que possam atender às necessidades de minorias linguísticas surdas, em especial, assim como diferentes usuários, independentemente de suas condições sensoriais e motoras.

As "vozes" dos surdos envolvidos nesta pesquisa requerem ambientes inclusivos, com presença da Libras, recursos e elementos de acessibilidade capazes de melhorar a interface de ambientes informacionais para usuários específicos.

Nos depoimentos dos próprios surdos, encontra-se a importância deste livro e da elaboração do Madaidi para orientar desenvolvedores e analistas de interfaces digitais, conforme segue:

> Muito interessante pois a pesquisa ajuda a melhorar o site para Surdos e assim o Surdo fica mais "atentado" com as informações. (DR, 20 anos, estudante universitária)

> Preciso website os Surdos no mundo. Conserva escrito e Libras em webcam de vídeo boa. (AS, 26 anos, estudante)

A ênfase na melhoria de interfaces digitais e as expectativas quanto aos resultados e a visibilidade desta pesquisa podem ser ilustradas a seguir:

Espero que vcs consigam despertar a criatividade daqueles que fazem websites. Boa sorte na pesquisa, com certeza ela vai contribuir muito. (SB, 27 anos, professora)

Este questionário é muito importante para ouvintes e também para Surdos como entendermos nossa situação, nosso relacionamento para melhorar e aperfeiçoar sua experiência sobre surdez. Adorei muito deste. É muito bom de acompanhar seu apoio cada vez mais superando pra gente! J (RM, 26 anos, webdesigner)

Os depoimentos dos surdos participantes da pesquisa destacam tanto a importância do desenvolvimento deste trabalho e o quanto se apresentam motivadores e estimulantes à continuidade desta temática de pesquisa acadêmica. Verifica-se uma expectativa quanto às possíveis melhorias em ambientes informacionais digitais por parte dos respondentes, que querem estar "atentados", ou seja, antenados diante das informações disponíveis no âmbito digital, em geral, e em websites, em específico.

Assim, as percepções dos usuários surdos em relação à acessibilidade, à usabilidade e aos conteúdos informacionais digitais enriqueceram a elaboração do Madaidi com elementos para desenvolvimento e análise de interfaces digitais, conforme será apresentado no Capítulo 6 a seguir.

6
Modelo para Análise e Desenvolvimento de Ambientes Informacionais Digitais Inclusivos (Madaidi)

A proposta de construção do Modelo para Análise e Desenvolvimento de Ambientes Informacionais Digitais Inclusivos (Madaidi) visa pontuar elementos fundamentais de aplicação aos princípios estruturais da Arquitetura da Informação Digital Inclusiva (Aidi) para atendimento das necessidades informacionais, principalmente, de minorias linguísticas surdas e usuárias preferenciais da Língua de Sinais (LS).

O desenvolvimento do modelo fundamentou-se na literatura disponível sobre a temática, entre as quais se destacam Rosenfeld e Morville (1998), Dias (2003), Nielsen (2000, 2002), Straioto (2002), Camargo (2004), W3C/WAI (1999, 2005a, 2005b, 2005c, 2005d, 2006a, 2006b, 2007a), e-Gov (Brasil, 2004b, 2005a, 2005b, 2005c), Morville e Rosenfeld (2006), aplicativos digitais desenvolvidos para melhorar a qualidade de vida digital dos surdos, análise de ambientes digitais e reivindicações de membros das comunidades surdas interativas e exigentes.

Assim, com esses subsídios verificou-se a necessidade de desenvolver o Madaidi, em destaque na Figura 28, que apresenta elementos gerais e específicos a fim de privilegiar o planejamento informacional e tecnológico de ambientes informacionais digitais. O Madaidi apresenta-se com o intuito de fornecer elementos para que os desenvolvedores e analistas de interfaces digitais possam introduzir e/ou planejar espaços digitais acessíveis, baseados nos princípios da Aidi. Vale destacar que seus elementos deverão ser analisados e selecionados conforme planejamento estratégico do ambiente informacional digital a ser desenvolvido.

Modelo para Análise e Desenvolvimento de Ambientes Informacionais Digitais Inclusivos – Madaidi[1]

Ambiente informacional digital: _____

URL: _____

Instituição responsável: _____

Data: _____/_____/_____

Avaliador: _____

Desenvolvedor: _____

1 Pré-requisitos
  1.1 Objetivo do ambiente digital
  1.2 Público-alvo a ser atingido
    Tipos de usuário surdos: novatos, experientes, ocasionais, frequentes
    Faixa etária, sexo, escolaridade, região geográfica
    Habilidades técnicas: experiência com o sistema, com computadores, com interfaces gráficas, com tarefas específicas
2 Elementos de acessibilidade
  2.1 Interface
    *Links com animação dinâmica em língua de sinais
    *Links de navegação em SignWriting
    Acessível via teclas de atalho e/ou teclado
    Estrutura e esquema de organização acessíveis
    *Aplicação de tecnologias de acessibilidade
    *Mensagens de erros piscantes
    Mensagens de erros sonoras
    Elementos integrados de navegação adequados
    Consistência nas ações
  2.2 Conteúdos
    Alternativas de acesso por tipos de documento hipermídia
    *Disponíveis em língua de sinais
    *Escritos em língua de sinais – SignWriting
    *Simultaneidade na apresentação hipermídia com tradução para a língua de sinais
    *Vídeos com legendas em língua portuguesa ou *box* de tradução em língua de sinais
    *Glossário de palavras e sinalização em língua de sinais
    *Acesso a dicionários de Libras/língua de sinais

---

1 Os elementos inseridos no Madaidi podem ser realizados em conjunto ou separadamente, em conformidade com as necessidades informacionais dos usuários e com os objetivos que os desenvolvedores de ambientes informacionais digitais desejam atingir.

Acessíveis via teclas de atalho e/ou teclado
Acessíveis por meio do uso de tecnologias assistivas
*Acessíveis via softwares de tradução para a língua de sinais
3 *Qualidade do conteúdo
  3.1 *Navegável por usuário surdo
  3.2 *Informações úteis e acessíveis à comunidade surda e ouvinte
  3.3 *Atendimento as necessidades informacionais também de usuários surdos
4 Recuperação da informação
  4.1 Estratégias de busca simples e/ou avançada
  4.2 *Recuperação da informação de forma clara e objetiva: listas ordenadas, tabelas, língua de sinais, SignWriting
  4.3 Tipos de documento disponíveis: textos, imagens e sons
  4.4 Alternativa para recurso hipermídia
5 Elementos de usabilidade
  5.1 Interface navegável ao usuário
  5.2 *Navegabilidade por meio de links com rótulos animados em língua de sinais
  5.3 *Navegabilidade por meio de rótulos em SignWriting
  5.4 Suporte ao usuário: ajuda e *feedback*
  5.5 Conteúdos objetivos e visíveis ao usuário
  5.6 Apresentação do conteúdo em diferentes tipos de documento
  5.7 *Conteúdos textuais traduzidos para língua de sinais
  5.8 *Rótulos e conteúdos digitais em língua de sinais e língua portuguesa simultâneos
  5.9 Conteúdo passível de controle pelo usuário: parar, continuar, voltar, pausar
  5.10 Navegação por meio de teclas atalho e/ou via teclado
6 Tecnologias assistivas
  6.1 Softwares leitores de telas, sintetizadores de voz
  6.2 Tecnologias para edição de textos (ex.: Signed, Swedit, Sign WRITER)
  6.3 Tecnologias de tradução (ex.: SignSim, SignStream, iCommunicator)
  6.4 Tecnologias de comunicação (ex.: SignTalk, SignMail, SignWebmessage)
  6.5 Tecnologias de criação de páginas web (ex.: SignHTML)
  6.6 Características gerais das tecnologias assistivas
  Visíveis e objetivas ao usuário
  Aplicáveis a hardwares e softwares mais simples
  Flexíveis a ajustes necessários ao usuário: tamanho de tela de exibição, ajuste de som e tamanho da fonte
  Passível de controle pelo usuário: parar, continuar, voltar, pausar
7 Personalização
  7.1 Ajuste de tamanho da fonte
  7.2 Ajuste de som pelo usuário
  7.3 Mudança de contraste de cores
  7.4 *Acessível em língua de sinais e/ou em SignWriting
8 Sistema de organização
  8.1 Esquemas
  Exatos: alfabético, cronológico, geográfico
  Ambíguos: tópicos, orientados a tarefas, específicos a um público
  Híbridos
  8.2 Estruturas
  Hierárquicas
  Hipertextuais
  Base relacional

9　Sistema de navegação
  9.1　Hierárquico
  9.2　Global
  9.3　Local
  9.4　*Ad Hoc*
  9.5　Elementos integrados
    9.5.1　Barra de navegação
      Gráfica
      Textual
    9.5.2　*Frames*
      Estado real da tela
      Modelo da página
      Velocidade da tela
      Projeto complexo
    9.5.3　Menus
      Pull-down
      Pop-up
      *SignWriting
      *Animação em vídeo sinalizado em língua de sinais
  9.6　Elementos remotos ou suplementares
    9.6.1　Tabela de conteúdos
    9.6.2　Index – índice
    9.6.3　Mapa do site
    9.6.4　*Língua de sinais
10　Sistema de rotulagem
  10.1　Textual
    Navegação – links
    Termos de indexação
    Cabeçalhos
  10.2　Iconográfico
    Navegação
    Cabeçalhos
  10.3　*Língua de sinais dinâmico – vídeo ou imagem em movimento
    *Navegação
    *Termos de indexação
    *Cabeçalhos
  10.4　*SignWriting
    *Navegação
    *Termos de indexação
    *Cabeçalhos
11　Sistema de busca
  11.1　Tipos de busca
    Busca por item conhecido
    Busca por ideias abstratas
    Busca exploratória
    Busca compreensiva/avançada
  11.2　Recursos de busca
    Lógica booleana (AND, OR e NOT)
    Linguagem natural
    Tipos específicos de item

Operadores de proximidade
Operadores especiais
11.3 Recursos de visualização
Listagens (ordenadas)
Relevância
Refinamento de busca
Contexto
Rede de informação ou rede contextual
12 Conteúdo das informações
Objetividade
Navegabilidade
Visibilidade
13 Usabilidade do site
13.1 Interface de fácil compreensão e uso
13.2 Navegabilidade
13.3 Funcionalidade
13.4 Ajuda (suporte)
13.5 *Feedback*
14 Tipos de documento
14.1 Textos: HTML, SGML, XML, DOC, RTF, DOC, RTF, PDF, OS (Post Script), outros
14.2 Imagens: estáticas (JPG, GIF), dinâmicas em animação (SWF, GIF) e em vídeos (AVI, MPEG, RAM), outras
14.3 Sons: MP3, MIDI, WAV, outros
14.4 *SignWriting
14.5 Outros
15 *Informações específicas para a comunidade surda
15.1 *Informações variadas sobre a história dos surdos
15.2 *Mercado de trabalho
15.3 *Formação profissional
15.4 *Educação
15.5 *Saúde
15.6 *Direitos e deveres
15.7 *Arte e cultura
15.8 *Ambientes digitais acessíveis
15.9 *Associações e redes sociais
16 Aspectos éticos e legais
16.1 Padrão de acessibilidade: W3C/WAI – ATAG, WCAG e UAAG, e-Gov, outros.
16.2 Direitos autorais
16.3 Segurança e preservação das informações
16.4 Software livre ou proprietário
16.5 Política de acesso: *Open Access*
16.6 Política de arquivo aberto: *Open Archives* para interoperabilidade

* Elementos específicos adicionados ao Madaidi a fim de viabilizar melhores condições de acesso e uso a usuários surdos em ambientes informacionais digitais.

Figura 28 – Modelo para Análise e Desenvolvimento de Ambientes Informacionais Digitais Inclusivos (Madaidi).
Fonte: Modificado de Corradi (2007)

O Madaidi está dividido em dezesseis itens com seus respectivos subitens, estruturados da seguinte forma: informações sobre o ambiente; avaliador ou desenvolvedor; pré-requisitos; elementos de acessibilidade; qualidade do conteúdo; recuperação da informação; elementos de usabilidade; tecnologias assistivas; personalização; sistema de organização; sistema de navegação; sistema de rotulagem; sistema de busca; conteúdo das informações; usabilidade do site; tipos de documento; informações específicas para a comunidade surda; aspectos éticos e legais. Todos serão detalhados a seguir.

Identificação

De acordo com Nielsen (2002), os websites comerciais devem oferecer aos usuários um método objetivo para a procura de informações sobre a empresa ou responsáveis pelo site. Portanto, o autor recomenda links "Sobre Nós" e "Fale Conosco", para o usuário obter uma visão geral sobre a empresa ou criador(es) do ambiente, como uma forma de contato entre desenvolvedores e usuários.

Assim, as informações sobre o ambiente informacional digital, a URL, a instituição responsável, a identificação do avaliador ou do desenvolvedor e a data são fundamentais na caracterização do analista ou criador do website, ou de qualquer outro ambiente digital. Essas informações legitimam a natureza do ambiente digital. A data é essencial para a identificação da criação e a análise do ambiente, considerando-se que os websites são atualizados, alteram sua interface e layout com frequência e dinamicidade.

Pré-requisitos

O modelo proposto, baseado no desenho universal preocupou-se com o planejamento e a criação de ambientes informacionais digitais inclusivos que atendessem às necessidades de usuários com diferentes condições sensoriais linguísticas e motoras, embora contenha elementos específicos para o atendimento de surdos interativos, independentemente de sua experiência com o computador e navegação em websites ou qualquer outro ambiente informacional digital.

Quanto aos tipos de usuário, o ambiente deve ser planejado de forma clara e objetiva para que possa atender desde os usuários novatos até os experientes, independentemente de suas habilidades técnicas. Entretanto, tais habilidades devem ser inspecionadas no delineamento dos perfis de usuários do sistema, o que pode ser realizado por meio de entrevistas ou aplicação de questionários (Dias, 2003; Valentin, 2005), conforme aplicação de coleta de dados desta pesquisa (Apêndice A), por exemplo.

Camargo (2004) afirma que o levantamento de requisitos sobre o público-alvo (tipos e características), seus interesses e os objetivos do ambiente digital devem ser definidos antes da construção de todo e qualquer tipo de site. Assim, o planejamento de um ambiente informacional digital deve definir a missão, o objetivo e a visão adotados como requisitos de introdução do sistema no atendimento aos critérios dos idealizadores ou da instituição promotora, dos desenvolvedores e das necessidades do público-alvo a que se destina.

As categorias de usuários foram definidas por Rowley (2002, p.182) como: novatos (nunca utilizaram um determinado sistema e precisam aprender a executar as tarefas de recuperação de informação com rapidez e facilidade); experientes (utilizam determinados sistemas regularmente e encontram-se familiarizados com algumas de suas funções, podendo solucionar os problemas que aparecerem); ocasionais (assemelham-se aos usuários novatos por utilizarem o sistema esporadicamente, e quando o fazem, necessitam reaprender a usá-lo); frequentes (assemelham-se aos experientes e alguns se limitam quanto à variedade de funções que utilizam, portanto acabam nunca se tornando experientes); e com necessidades especiais (refere-se às condições sensoriais e linguísticas, a mobilidade e distúrbios de aprendizagem). No contexto deste trabalho, focam-se os usuários surdos enquanto minoria linguística que utiliza, preferencialmente, a LS.

A faixa etária, o sexo, a escolaridade e a região geográfica (Camargo, 2004) visam caracterizar o perfil dos usuários a serem atendidos pelo website, que implicará disponibilizar conteúdos informacionais e formatos de arquivos específicos.

Elementos de acessibilidade

Os elementos de acessibilidade pontuados no Madaidi envolvem a interface e os tipos de documento dos conteúdos digitais. Dessa forma, baseados no levantamento bibliográfico realizado, nos depoimentos dos surdos, nas análises de websites gerais e específicos relacionados à surdez e em aplicativos direcionados a membros das comunidades surdas nacionais e internacionais, foram propostos diversos elementos de acessibilidade digital.

Dentre os elementos de acessibilidade digital, destacam-se a presença da LS, do SignWriting, e de legendas (*closed caption*) em língua portuguesa escrita, de modo específico, ao atendimento das comunidades surdas virtuais aplicadas em interfaces e em conteúdos.

As alternativas hipermídia (texto, imagens e sons) caracterizam-se como elementos de acessibilidade, podendo atender a uma ampla variedade de usuários. No caso da surdez, a interpretação em LS, ajuste de som e/ou legenda em texto escrito para recursos audiovisuais podem ser elementos favoráveis ao acesso de diferentes tipos de usuário com problemas auditivos (surdez leve, moderada, severa e profunda).

Mensagens de erros piscantes podem contribuir para melhorar a usabilidade de ambientes informacionais digitais, alertando os usuários quanto aos possíveis problemas de navegação. Por outro lado, as mensagens sonoras podem viabilizar uma melhor qualidade de uso por usuários com problemas visuais, nos quais o estímulo auditivo torna-se um sistema de alerta essencial.

O glossário, a exemplo dos CDs da Coleção Clássicos da Literatura em Libras/português, oferece ao usuário, com antecedência, o sinal correspondente a determinados termos narrados em Libras no contexto dos conteúdos informacionais disponíveis, podendo ser um elemento de acessibilidade a ser aplicado à interface.

Os dicionários em Libras/LS podem ter enlaces com websites nos quais já estejam disponibilizados (site do Ines e do Acesso Brasil, por exemplo) ou podem utilizar softwares de criação de vocabulário. Embora ainda sejam protótipos, os softwares para criação de dicionários destacados são o Sign Dic e o X-Libras. O Sign Dic é capaz de criar sinais de acordo com suas características gestuais ou por ordem alfabética na língua oral-auditiva e disponibiliza na interface recurso hipermídia e em SignWriting. Já o X-Libras oferece um ambiente em realidade virtual para intercâmbio e armazenamento de informações em Libras por meio de vocabulário visual-espacial.

Na Figura 29, são apresentadas algumas das teclas de atalho que possibilitam a navegabilidade pela interface digital sem o uso do *mouse*, elemento de acessibilidade que pode beneficiar usuários com mobilidade reduzida.

Figura 29 – Teclas de atalho do site Acessibilidade Brasil.
Fonte: Acessibilidade Brasil (2011)

As teclas de atalho podem estar visíveis ao usuário (Figura 29) ou ocultas, as quais podem ser acessadas por meio das mesmas associações de teclas explícitas acima. Usuários experientes podem navegar pela interface utilizando as teclas de atalho mesmo o sistema não as tornando visíveis. No entanto, para atender a usuários novatos torna-se necessário a equiparação nas oportunidades e possibilidades de uso, com flexibilidade e o mínimo de esforço físico.

Na Figura 30, são destacados os ícones de acessibilidade e/ou personalização do sistema informacional (aumentar e diminuir o tamanho da fonte) e o aplicativo Player Rybená, assim como um recurso para acionar o áudio para acessar as informações. O ícone de tradução para a Libras aciona o aplicativo Player Rybená para o acesso ao conteúdo informacional em formato de animação em

Libras. A interface do aplicativo no website do Rybená é personalizada apresentando-se em um espaço maior da tela. Entretanto, o ajuste do tamanho de exibição da animação permanece fixo.

Figura 30 – Elementos de acessibilidade e personalização de interface - Rybená.
Fonte: Rybená (2011)

De modo geral, a navegação via teclado, as tecnologias digitais de acessibilidade ou softwares de transcrição para a Libras (por exemplo o Player Rybená ou programas do Pacote Sign), a consistência nas ações (ações iguais não podem apresentar efeitos diferentes), as estruturas e esquemas acessíveis (que não direcionem o usuário a páginas vazias, em construção ou que ocasionem em obstáculos a navegação do usuário), os elementos integrados de navegação adequados (possibilidade de construção de barras de navegação textuais, iconográficas, em LS, em SignWriting com associação de um ou mais elementos integrados) compõem tipologias de elementos de acessibilidade que podem ser capazes de ampliar as condições de acesso e melhorar a qualidade de uso de interfaces digitais.

Qualidade do conteúdo

A qualidade do conteúdo digital está associada também à introdução dos elementos de acessibilidade. Considera-se que o planejamento de uma Aidi promova a navegabilidade, a utilidade e o acesso às informações, a fim de objetivar o atendimento às necessidades informacionais de diferentes tipos de usuário.

No caso de usuários surdos, preferencialmente sinalizadores e natissurdos, algumas tecnologias que utilizam o SignWriting podem contribuir na construção de ambientes informacionais com qualidade no acesso e uso, como, por exemplo, as ferramentas de edição de textos (Signed, Swedit, SignWriter), de tradução (SingSim), de comunicação (SignTalk, SignMail, SignWebmessage) e de criação de páginas web em HTML (SignHTML) com suporte à escrita da LS.

Em LS, podem ser utilizadas tecnologias assistivas com funcionalidades similares às do SignStream e do iCommunicator, que realizam tradução simultânea da informação impressa ou oral para a LS. Embora sejam softwares que promovam a acessibilidade em Língua de Sinais Americana (LSA), esses sistemas podem servir como exemplo à criação de programas nacionais com funcionalidades similares, possibilitando a tradução simultânea para a Libras em ambientes diversos.

Como exemplo de aplicativo nacional, encontra-se disponível o Player Rybená, uma forma de tradução bidimensional da Libras, considerada uma iniciativa relevante, mas que precisa de alguns ajustes em seu funcionamento para se tornar um aplicativo mais produtivo e funcional.

Recuperação da informação

As estratégias de busca podem ser simples ou avançadas, ou seja, por meio de um campo simples o usuário utiliza-se de palavras-chaves ou termos específicos. Por meio da pesquisa avançada, pode utilizar mais de um termo em diversos campos (autor, palavra-chave, resumo, texto completo, título, ano entre outros).

A interface dos resultados do processo de recuperação de informações pode conter o resultado em listas por ordem alfabética ou de relevância, em tabelas, em LS e em SignWriting, por exemplo.

As alternativas hipermídia favorecem diversos tipos de usuário no processo de apresentação, acesso e disseminação de informações. Os tipos de documento podem ser textos (PDF, HTML, DOC, por exemplo), imagens (dinâmicas, estáticas, vídeos, realidade virtual) e sons.

Alguns aplicativos descritos no Capítulo 4 podem contribuir com as diferentes formas de recuperação das informações por meio de edição de textos em SignWriting (Signed, Swedit, SignWriter), de tradução na escrita das línguas visuais-espaciais (SignSim), com tradução simultânea em LSA (SignStream e iCommunicator) e com o uso do aplicativo Player Rybená para visualização do conteúdo em formato bidimensional da Libras. O AGA-Sing é considerado uma das formas de recuperação da informação com a presença do SignWriting associado a animação em LS que possibilita a visualização da informação em formato de animação dinâmica.

Elementos de usabilidade

A usabilidade de um sistema corresponde à qualidade de uso pelos usuários. Assim, alguns elementos de usabilidade podem viabilizar a melhoria das interfaces digitais para o atendimento às necessidades da diversidade de públicos-alvo a que se destina. De forma específica para usuários surdos sinalizadores, considera-se importante a presença de links, rótulos e conteúdos informacionais digitais em LS e em SignWriting, conforme será apresentado na seção seguinte.

Nielsen (2002) e Straioto (2002) enfatizam a necessidade de suportes de ajuda ou *feedback* ao usuário como formas de interação quanto às dúvidas e dificuldades que possam surgir na navegação. Esses elementos podem aumentar a produtividade do usuário no uso das informações e reduzir seu tempo de navegação para encontrar o que busca no website ou em qualquer outro ambiente informacional digital.

Estudos de Nielsen e Loranger (2007) afirmam que os usuários gastam 1 minuto e 49 segundos visitando websites antes de abandoná-los por não encontrarem o que desejam. Além disso, declaram os autores que há 12% de probabilidade do website ser revisitado por um usuário, depois de perdê-lo.

Os softwares que enfatizam o SignWriting e as tecnologias de tradução para as LS podem ser ferramentas auxiliares quanto à usabilidade em ambientes informacionais digitais para surdos, em especial.

Além disso, Nielsen e Loranger (2007) consideram que o uso da hipermídia (multimídia) se tornou mais aceitáveis na web atual devido ao aumento da banda larga, possibilitando rapidez na capacidade de download de videos. Outro aspecto destacado pelos autores envolve a qualidade técnica dos vídeos, como fruto de melhorias na conexão em rede e no uso de softwares reprodutores de mídia. Por fim, enfatizam que os desenvolvedores web melhoraram suas produções de vídeo.

De forma geral, interfaces navegáveis, conteúdos objetivos e visíveis, em diferentes formatos de documentos, controle do usuário na interação com a informação e navegação via teclado baseiam-se no desenho universal e podem possibilitar o acesso às informações independentemente das condições sensoriais e motoras do usuário, uma vez que tais condições podem ser temporárias ou permanentes, como, por exemplo, um braço quebrado.

Tecnologias assistivas

As tecnologias destacadas no Capítulo 4 podem ser consideradas assistivas aos usuários com diferentes condições sensoriais, linguísticas e motoras, em especial a promoção do acesso aos surdos em ambientes informacionais digitais. Nesse contexto, destacam-se as tecnologias disponíveis que usam o SignWriting como ferramentas de edição de textos (Signed, Swedit, SignWriter), de tradução (SignSim), de comunicação (SignTalk, SignMail, SignWebmessage) e de criação de páginas web em HTML (SignHTML) para construção de ambientes digitais com suporte à escrita da LS.

Dentre as tecnologias que usam a tradução para a LS, destacam-se os softwares em LSA que realizam tradução simultânea da informação impressa ou oral para a LS – o SignStream e o iCommunicator. O aplicativo Player Rybená realiza a transcrição do texto escrito para o português sinalizado com o uso de sinais da Libras em formato de animação dinâmica.

A utilização e a aplicação de tecnologias assistivas que envolvem o SignWriting e que realizam a tradução da informação impressa ou oral para a LS, entre outras, podem ser consideradas significativas no contexto de inclusão digital de usuários surdos, foco principal desta pesquisa.

As tecnologias assistivas devem estar visíveis ao usuário para que ele não desista da navegação no website. Os desenvolvedores de websites precisam se preocupar com as tecnologias de autoria utilizadas no desenvolvimento de ambientes digitais, pois estas devem ser aplicáveis a hardwares e softwares do usuário, que podem ser tanto de última geração quanto mais simples. Da mesma forma, a descrição de informações em metadados podem viabilizar o acesso aos conteúdos disponíveis, com o uso de softwares leitores de tela, sintetizadores de voz e demais recursos tecnológicos que se valem das representações em *tags* para efetuar a funcionalidade de seu uso.

A flexibilidade de ajuste de tamanho de tela, fonte e som e o controle do usuário na interação com o sistema permitem a adequação do ambiente às necessidades sensoriais, permanentes ou temporárias, do usuário, capaz de possibilitar uma melhor usabilidade do sistema.

Personalização

As flexibilidades de ajustes e alterações, de acordo com o ambiente e os tipos de usuário, podem se caracterizar como elementos de acessibilidade, tecnologias assistivas ou personalização do sistema. A Figura 30 exemplifica uma interface com rotulagem iconográfica que pode contribuir para a personalização de ambientes digitais e para a customização deste pelo usuário, de acordo com suas necessidades e preferências. A rotulagem dos recursos de personalização pode ser encontrada em formatos textuais também.

A possibilidade de alteração da aparência do site permite ao usuário adequar a interface a suas necessidades, caracterizando-se como elemento de acessibilidade que pode favorecer usuários com problemas visuais.

Todavia, considerando-se as possibilidades de ajustes de tamanho de fonte do website, destaca-se a necessidade de limitar esse tipo de ajuste, uma vez que tanto a redução quanto a ampliação do tamanho da fonte com extensa flexibilidade podem ocasionar problemas de usabilidade: os ajustes muito reduzidos ou ampliados da fonte podem impossibilitar a leitura pelo usuário.

As alterações de contraste de cores podem ser visualizadas em ambiente informacional digital e de forma comparativa: auto-contraste (preto e branco ou branco e preto), contraste padrão e monocromático. No autocontraste, o usuário visualiza uma tela com fundo preto e fonte branca ou vice-versa. No contraste padrão permanecem as cores originais do website. No monocromático, a interface apresenta-se em vários tons de uma única cor (Figura 31).

Figura 31 – Elementos e personalização de interface – Tecnologia Assistiva.
Fonte: Portal Nacional de Tecnologia Assistiva (2011)

Em destaque na Figura 31, no *frame* do topo da tela, estão visíveis ao usuário as teclas de atalho, o ajuste no tamanho da fonte (pequeno, médio e grande) e as opções para escolha de contrastes de cores da interface do site. Estes aspectos emergem como elementos de personalização do ambiente e de customização pelo usuário atendendo suas preferências, assim como possibilidades e limitações.

Para Camargo (2004), a personalização e a filtragem de informações possuem uma perspectiva de crescimento da usabilidade das informações. Assim, nesta pesquisa considera-se a acessibilidade em LS e o SignWriting como personalizações que podem promover ambientes diferenciados ao atendimento das necessidades do usuário surdo, em especial, e/ou ouvinte que deseja acessá-lo de forma personalizada e customizável, por meio da língua visual--espacial, como pode ser visualizado na Figura 30, por meio do Player Rybená, por exemplo.

Sistema de organização

O sistema de organização de ambientes informacionais digitais deve ser projetado para que os usuários utilizem o ambiente de forma rápida e fácil, por meio de uma estrutura que permita múltiplas formas de acesso à informação. Para isso, de acordo com Morville e Rosenfeld (2006) e Rosenfeld e Morville (1998), o sistema de organização é composto de esquemas e estruturas.

Os esquemas de organização exatos dividem as informações de forma bem definida, podendo ser: alfabético: organiza as informações em ordem alfabética (lista de resultados de concursos, vestibulares); cronológico: organiza as informações de acordo com as datas (fascículos de revistas, últimas notícias); e geográfico: caracteriza--se pela organização da informação de acordo com a localização geográfica (universidades com unidades em diversas localidades, como no website da Unesp).

Os esquemas de organização ambíguos dividem as informações em categorias, como as que seguem: tópicos: geralmente as informações estão organizadas por assunto; orientados a tarefas: permite a interação do usuário com o sistema por meio de determinadas tarefas; específicos a um público: utilizado quando se têm usuários do ambiente definidos; e dirigidos a metáforas: usam metáforas conhecidas pelos usuários para representar as informações navegáveis.

Com isso, os esquemas híbridos utilizam elementos dos sistemas de organização exatos e ambíguos, sendo comum na web para facilitar o acesso à diversidade de informações exibida pelos portais (ibidem).

As estruturas de organização definem os caminhos navegáveis pelo usuário e podem ser caracterizadas como: hierárquica (*Top--Down*): é definida a área de conteúdo mais abrangente inicialmente e depois são distribuídos os subitens; hipertexto: organiza as informações de forma não linear, embora interligando-as por meio de links; e bases de dados relacionais (*Botton-Up*): as informações são estruturadas em registros que podem ser pesquisados de acordo com o conteúdo específico da busca. É particularmente útil quando sua aplicação relaciona-se a subsites homogêneos, como produtos catalogados e diretórios de apoio. Os vocabulários controlados podem oferecer uma fina camada de estrutura horizontal no site, com aprofundamento vertical que pode ser criado para departamentos e disciplinas.

A navegabilidade do usuário pelo ambiente digital depende de uma boa organização do sistema. Portanto, as escolhas condizentes de aplicações dos sistemas de organização podem tornar o ambiente com melhor qualidade de uso, além de satisfazer as necessidades dos diversos tipos de usuário do ambiente.

No âmbito da classificação social, os autores destacam as possibilidades que os usuários têm de participar na cocriação de estruturas e organizações das informações. Enfatizam, ainda, o crescimento no uso de *tags* definidas por usuários para organizar informações digitais, como ocorre nos ambientes Flickr e del.icio.us, por exemplo.

Sistema de navegação

O sistema de navegação constitui-se de elementos capazes de apresentar a trajetória do usuário pelo website. Esse sistema pode ser dividido em: hierárquico: parte da página principal para as opções secundárias e suas subdivisões; global: pode ser um complemento ao sistema hierárquico, possibilitando maior movimentação no site; local: são específicos e permanecem na tela enquanto o conteúdo a que se refere estiver sendo abordado; e *ad-hoc*: permite estabelecer relacionamentos entre os conteúdos inapropriados para serem inseridos nos sistemas de navegação principal.

Os elementos integrados auxiliam a navegação pelo ambiente informacional digital da seguinte forma: barra de navegação: são conjuntos de links de hipertexto agrupados no ambiente informacional que podem ser aplicados em sistemas de navegação hierárquica, global e local. Apresentam-se em formatos gráficos e textuais e utilizam ícones e rótulos de textos simultaneamente e/ ou de forma complementar; *frames*: são as janelas de exibição do *browser* na qual se visualizam as informações, sendo independentes entre si. Os *frames* devem ser planejados em conformidade com o espaço a ser utilizado na tela, a quantidade de divisões, a largura, a altura e o conteúdo apresentado em cada um deles. Podem ser usados para separar o sistema de navegação do conteúdo do site entre outras formas de apresentação e organização da informação no ambiente, como no estado real da tela, no modelo da página, na velocidade da tela ou na exibição e design ou projeto complexo; e menus: são opções de conteúdos disponíveis ao usuário que aproveitam o espaço de exibição da tela. Podem se apresentar nos formatos *Pull-down*, que se expande na tela automaticamente mediante o clique do *mouse*, apresentando as opções de navegação ao usuário, e o *Pop-up*, que se expande pelo movimento do cursor em determinada área de tela ou elemento de interface.

Foram adicionados a essas opções de menu de Morville e Rosenfeld (ibidem) o SignWriting, que apresenta ao usuário as opções de navegação por meio da escrita da LS e as animações em vídeos sinalizados em LS.

Além desses aspectos, encontram-se os elementos de navegação remotos, que são alternativas de visualização do conteúdo do site em sua totalidade, conforme segue: tabela de conteúdo: apresenta uma tabela com os conteúdos disponíveis; índice: relação de palavras-chave ou frases de todos os assuntos apresentados no website de forma alfabética e não hierárquica; mapa do site: representa o fluxograma de navegação pelo website, possibilitando o acesso direto do usuário a todas as páginas do sistema; Língua de Sinais: elemento foco desta pesquisa e consiste em apresentar as listas, índices, mapa do site em LS em vídeo, animação e/ou escrita em *SignWriting*.

O planejamento de um sistema de navegação, na composição de uma Aidi, torna-se essencial para a apresentação contextualizada da informação que auxilie o usuário em suas buscas de forma dinâmica, flexível e hipertextual com autonomia e independência em sua movimentação pelo ambiente.

Sistema de rotulagem

O sistema de rotulagem compreende uma forma de representação das informações por palavras ou ícones que permite ao usuário decidir os caminhos de sua navegação pelo site. Os rótulos, em conjunto com os sistemas de organização e navegação, podem se apresentar em dois formatos, de acordo com Morville e Rosenfeld (ibidem): textual: apresentação dos títulos dos links de navegação, termos de indexação e cabeçalhos escritos no idioma do website; e iconográfico: da mesma forma que os textos, oferecem links de navegação e cabeçalhos com ações representadas por figuras, ícones e/ou imagens representativas.

Adicionados a esses formatos, o Madaidi considera como rotulagens que compõem uma Aidi para usuários surdos, em especial, os seguintes sistemas: Língua de Sinais: rótulos de links de navegação, termos de indexação, cabeçalhos apresentados e representados em LS no formato de vídeos ou animações dinâmicas; e SignWriting: títulos de links de navegação, termos de indexação e cabeçalhos apresentados e representados pela escrita em LS.

Figura 32 – Exemplos de rótulos em Libras e em SignWriting.
Fonte: Universidade Federal de Santa Catarina - Letras-LIBRAS (2011)

Na Figura 32, são apresentados exemplos de sistemas de rotulagem textual associada à Libras em vídeos dinâmicos, assim como da representação do SignWriting e na Língua Portuguesa escrita, como iniciativas de acessibilidade na perspectiva bilíngue da surdez.

A rotulagem em websites ou qualquer outro ambiente informacional digital deve ser planejada para viabilizar a acessibilidade e a usabilidade desses sistemas, sem perda de tempo e com facilidade de aprendizado pelo usuário durante a navegação. O planejamento estratégico do sistema de rotulagem possibilita uma melhor indexação do website pelas ferramentas de busca, o que pode possibilitar ao usuário a busca de informações de maneira mais condizente com suas necessidades em ambientes informacionais digitais.

Sistema de busca

O sistema de busca permite a localização de informações armazenadas nos diversos computadores conectados à internet. Entretanto, a busca por informações pode ocorrer no próprio site – sistema de busca interna – ou em sites externos – sistema de busca externa. Esse sistema é composto pelos seguintes processos:

Tipos de busca: variam de acordo com as expectativas dos usuários, podendo ser por itens conhecidos (algumas necessidades de informação dos usuários são definidas com clareza, o que requer uma resposta simples), por ideias abstratas (o usuário sabe qual é a informação que deseja recuperar, mas tem dificuldade em descrever o termo de busca), exploratória (o usuário sabe expressar seu termo de busca, mas não sabe o que encontrará como resposta, explorando informações para ampliar seu aprendizado), compreensiva ou avançada (o usuário quer todas as informações disponíveis sobre determinado assunto);

Recursos de busca: o usuário pode realizar suas buscas utilizando diversos recursos auxiliares, como a lógica booleana (pesquisa entre um ou mais termos de busca, relacionando-os entre si de acordo com a necessidade informacional do usuário, com uso dos operadores "E"/"AND", "OU"/"OR" ou "NÃO"/"NOT"); linguagem natural (uso de termos conhecidos, familiares ao usuário, em geral com composição de uma frase); tipos específicos de item (utilização de termos gerais); operadores de proximidade (possibilidade de utilizar e localizar termos que estão próximos em uma frase); e operadores especiais (possibilita ao usuário realizar opções de busca, como, por exemplo, em URLs, localizar arquivos em vídeo, em PDF entre outros);

Recursos de visualização: a visualização das informações recuperadas pelos sistemas de busca pode ser encontrada em listagens por relevância (maior ou menor precisão de resultados com a palavra pesquisada identificada por meio do uso de índices percentuais), refinamento de busca (utiliza o conteúdo recuperado para uma nova busca e exibição de informações); contexto (o usuário visualiza as informações de acordo com o contexto desejado); rede de informações ou rede de contexto (as informações são visualizadas de acordo com similaridades de contextos informacionais).

O planejamento do sistema de busca deve considerar, de acordo com Morville e Rosenfeld (ibidem), a experiência do usuário com interfaces digitais, a utilização dos operadores e demais recursos, os tipos de informação que desejam recuperar e o detalhamento na visualização da informação (simples, detalhado, ordem cronológica, alfabética, relevância).

Conteúdos das informações

Os conteúdos informacionais devem ser objetivos, navegáveis e visíveis aos usuários. Para Straioto (2002), a utilização de uma linguagem objetiva auxilia o usuário no acesso rápido e eficiente às informações (objetividade) por meio da visualização de tópicos extensos com maior facilidade e rapidez. Relacionada à rapidez, encontra-se a navegabilidade, que visa tornar o conteúdo mais visível ao usuário, com destaque a determinadas informações. Com isso pretende-se melhorar a usabilidade de ambientes informacionais gerais e específicos.

Usabilidade do *site*

A usabilidade do site, em conformidade com aspectos detalhados anteriormente, promove interfaces navegáveis e funcionais, com auxílio técnico e *feedback* ao usuário. Para viabilizar a usabilidade de ambientes digitais, Nielsen (2000) enfatiza a necessidade de planejar uma arquitetura da informação que envolva as necessidades do usuário, os objetivos e a missão do site, no encontro da intersecção usuário-contexto-conteúdo (Morville; Rosenfeld, 2006). Da mesma forma, Straioto (2002) relaciona a usabilidade em websites como o planejamento, a análise e a compreensão pelo usuário quanto às tarefas e os usos do sistema, em que deve existir facilidade no acesso à informação e simplicidade nos comandos de software utilizados (Ferreira; Nunes, 2007). Esses aspectos visam avaliar o ambiente com a ajuda de alguns de seus usuários.

Tipos de documento

De acordo com Straioto (ibidem), os tipos de documento emergiram pela quantidade cada vez maior de informações disponíveis no ambiente web. Esse crescimento possibilitou a apresentação dos conteúdos informacionais em diversos formatos, com destaque aos textos (TXT, DOC, PDF, SGML, HTML, XML entre outros), imagens estáticas (JPG e GIF) e dinâmicas (SWF, GIF – animações e AVI, MPEG e RAM – vídeos) e som (MP3, MIDI e WAV) destacados pela autora em sua dissertação de mestrado. Vale lembrar que, com o avanço das tecnologias de informação e comunicação, novos formatos para textos, imagens e sons foram e estão sendo desenvolvidos.

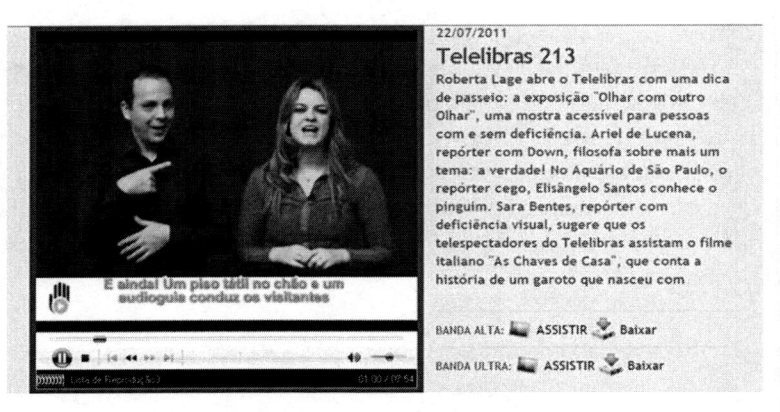

Figura 33 – Exemplo de conteúdo hipermídia em vídeo e áudio – TeleLibras.
Fonte: Vez da voz (2011)

Como exemplo de tipo de documento em LS, pode-se mencionar o conteúdo do TeleLibras[2] (Figura 33), desenvolvido com o objetivo de promover o acesso da pessoa surda às informações jornalísticas e de construir uma mídia democrática e inclusiva, onde todos tenham direito à informação, independentemente de suas diferenças. O espaço informacional é dividido entre apresentadores e um intérprete na tela do vídeo, que disponibiliza ao usuário informações com tradução para Libras e áudio em língua portuguesa, além da legenda nesta mesma língua.

Nesta pesquisa, portanto, consideraram-se os textos escritos em SignWriting, as imagens estáticas ou dinâmicas (AGA-*Sing*) do SignWriting ou da LS, as imagens dinâmicas em animação (Player Rybená) e aplicações em realidade virtual (X-Libras) e em vídeos (TeleLibras) em LS como tipos de documento favoráveis à estruturação de uma Aidi com foco na qualidade, no acesso e no uso a usuários surdos sinalizadores.

Informações específicas para a comunidade surda

Em ambientes digitais que visam atender às necessidades informacionais de usuários surdos, as informações relacionadas à surdez e aos próprios surdos tornam-se essenciais no planejamento da Aidi. No entanto, alguns conteúdos de interesse dos surdos podem estar disponíveis em ambientes gerais, de acordo com a missão, o objetivo e a visão do site. Um ambiente informacional digital de empregos pode divulgar vagas para surdos com a aplicação dos

---

2 O TeleLibras foi desenvolvido pela ONG Vez da Voz e pela interação com minorias linguísticas surdas. O projeto apresenta-se como o primeiro telejornal inclusivo e inédito na internet que transmite informações sobre o que acontece no Brasil e no mundo, sendo voltado às pessoas surdas ou interessadas em aprender a Libras. Além disso, com o ambiente digital pretende-se garantir o direito à informação e à comunicação, essenciais para o exercício da cidadania. A equipe do ambiente é constituída por produtores de textos, jornalistas, apresentadores, interpretação em Libras, assessoria fonoaudiológica, assessoria com surdo, edição e responsável pelos vídeos no site. Disponível em: <http://www.vezdavoz.com.br/telelibras/>. Acesso em: 22 jan. 2007.

elementos de acessibilidade específicos (LS ou SignWrinting), por exemplo.

Aspectos éticos e legais

Os aspectos éticos e legais do website devem ser visíveis aos usuários e analistas do ambiente digital. Existem diversos padrões de acessibilidade web, entre os quais destacam-se o W3C/WAI (ATAG, WCAG e UAAG), em nível internacional, e o e-MAG do e-GOV, em nível nacional.

Considera-se relevante destacar que, no ambiente digital, os direitos autorais lidam com a imaterialidade como foco principal na propriedade intelectual dos documentos, presentes nas produções artísticas, culturais, científicas, entre outras. As questões de direitos autorais e propriedade intelectual na internet têm repercutido em debates diversos no âmbito acadêmico. Nesse contexto, consideram-se como algumas das medidas de preservação dos direitos autorais o tratamento do conteúdo informacional em formato PDF e em vídeos ou animações protegidas contra cópias, por exemplo. Entretanto, vale destacar que determinados softwares leitores de tela utilizados pelos usuários com problemas visuais não permitem a leitura de documentos em alguns formatos. Com isso, torna-se essencial verificar a flexibilidade do ambiente para que este possa ser acessível a uma ampla proporção de usuários a partir de suas necessidades, habilidades e preferências.

Quanto à segurança da informação, consideram-se as diversas medidas para protegê-la e preservá-la. A integridade, a disponibilidade, a autenticidade, a confidencialidade, o não repúdio e o controle de acesso compõem os pilares que constituem a segurança da informação. Tais pilares são essenciais na atualidade mesclada de ambientes públicos e privados conectados em rede (Machado et al., 2000).

Softwares livres são programas disponíveis para uso, cópia e distribuição, original ou com modificações, gratuita ou com custo. Os códigos-fonte desses programas são disponibilizados para que possam ser livremente utilizados e modificados. Por outro lado, o software proprietário tem um custo e o código-fonte não é aberto para cópia, redistribuição ou modificação, como, por exemplo, o RealPlayer, utilizado para acessar diversos ambientes digitais (Brasil, 2007c).

O Open Access refere-se ao livre acesso a documentos digitais por cientistas, estudantes, professores, universitários, editores, professores e demais interessados. Essa iniciativa de acesso aberto visa remover barreiras no acesso à literatura e acelerar pesquisas, enriquecer a educação, compartilhar conhecimentos, tornar públicos resultados de pesquisa e literaturas, para viabilizar intercâmbios intelectuais comuns a determinados grupos de interesse. O acesso aberto pode envolver o autoarquivamento de documentos, que necessita de metas, de políticas relacionadas à avaliação, legitimidade e preservação, entre outros aspectos dos documentos.

A política de arquivo aberto (Open Archive Initiative – OAI) é uma iniciativa que contribui para a transformação da comunicação científica, de maneira que se propõe a definir aspectos técnicos e organizacionais de uma estrutura para publicações científicas. Focada na interoperabilidade, o OAI estabeleceu um conjunto de padrões e protocolos, como o mecanismo para interoperar os vários provedores de dados e os provedores de serviços (Kuramoto, 2005).

Finalizando, o detalhamento dos itens propostos no Madaidi podem permitir que desenvolvedores, avaliadores de websites e ambientes informacionais digitais identifiquem os elementos capazes de promover as condições de acesso e uso de ambientes informacionais digitais.

Destaca-se, portanto, que os elementos apresentados no Madaidi podem ser colocados em prática em conjunto ou separadamente. Por exemplo, o desenvolvedor pode criar links com rótulos em LS, em língua portuguesa escrita e em SignWriting conjuntamente. Os arquivos de documentos podem estar disponíveis por meio de recursos hipermídia ou por tipos de documento para livre escolha do usuário, como, por exemplo, o áudio, o vídeo, o texto, a animação, entre outros.

Para exemplificar algumas das aplicações, gerais e específicas, realizou-se a análise de ambientes web indicados pelos surdos participantes da pesquisa via questionário. As análises basearam-se no Madaidi e os ambientes foram selecionados em conformidade com a identificação de elementos do modelo aplicados à interface. Além dos ambientes indicados pelos surdos, serão destacadas na subseção seguinte as bibliotecas digitais e websites internacionais acessíveis aos surdos.

Viabilidade do Madaidi em *websites* indicados pelos surdos

O Madaidi tem alguns de seus itens e critérios introduzidos em interfaces web para surdos. Dessa forma, pretende-se demonstrar a viabilidade de introdução do modelo como motivador aos desenvolvedores de ambientes digitais, assim como orientar os analistas de interfaces quanto às possibilidades inclusivas da proposta deste trabalho, com destaque aos usuários surdos, no intuito de promover sua autonomia, sua independência e seus direitos civis.

Os cenários utilizados nesta análise foram capturados de ambientes web relacionados à surdez, indicados pelos participantes da pesquisa. Os websites foram analisados com ênfase na identificação de elementos do Madaidi integrados à Aidi de forma funcional, visível e navegável na promoção de um ambiente digital inclusivo, bilíngue em relação à surdez e multilíngue de forma geral.

Primeiro site brasileiro em Libras[3]

O primeiro site brasileiro em Libras foi planejado no intuito de atender, como público-alvo específico, os surdos usuários da LS.

---

3 As informações relacionadas ao ambiente informacional digital "Primeiro site brasileiro em Libras" foram coletadas por meio da própria interface web, a qual se encontra disponível em: <http://www.ok.pro.br/>. Acesso em: 20 mar. 2007.

Desenvolvido entre 2005 e 2006, o sistema visa beneficiar surdos, intérpretes ou pessoas ouvintes que dominam essa língua visual-espacial. Os criadores compõem uma equipe de trabalho, em grande maioria de surdos, e consideram-se em conformidade com a Lei n. 10.436/2002 e com o Decreto n. 5.626/2005.

A Lei n. 10.436, publicada em 24 de abril de 2002, dispõe sobre a Libras, instituindo-a como meio legal de comunicação e expressão oriunda de comunidades surdas do Brasil, não substituindo a modalidade escrita da língua portuguesa (Brasil, 2002). E o Decreto n. 5626, publicado em 22 de dezembro de 2005, regulamenta essa lei (Lei n. 10.436/2002) e o art. 18 da Lei n. 10.098/2000, a fim de inserir a Libras como disciplina curricular nos cursos de licenciatura, formação de professores e profissionais para atuar na educação, além de difundir o uso dessa língua visual-espacial e da língua portuguesa. Enfatiza o decreto a garantia de direito educacional e de saúde como papel do poder público (Brasil, 2005).

Identificaram-se como elementos que compõem a arquitetura da informação digital desse website a presença da Libras marcada nos sistemas de organização, navegação, rotulagem e na recuperação de informações: links, elementos de interface, tipos de documento digitais. O ambiente apresenta rótulos em LS, com estrutura e esquema de organização acessíveis aos usuários surdos sinalizadores em Libras.

Entretanto, a interface encontra-se disponível principalmente por meio da tradução em Libras (Figura 34), o que torna o ambiente restrito aos usuários surdos sinalizadores fluentes em LS e excludentes para outros usuários que dominam parcialmente a Libras ou que prefiram acessar o conteúdo em outros formatos digitais.

A ferramenta de controle do usuário, como um elemento de acessibilidade essencial nessa ambiência, promove a autonomia e a independência do surdo sinalizador ou aprendiz da Libras surdo e/ou ouvinte na interação com o sistema.

Outro aspecto destacado na Figura 34 é a marcação do item acessado, que permite ao usuário orientar-se na navegação e visualizar claramente sua localização no ambiente informacional digital. As informações nessa interface estão organizadas em esquema exato cronológico, de acordo com os sistemas que compõem a arquitetura da informação (Morville; Rosenfeld, 2006).

No que diz respeito à qualidade do conteúdo informacional do website, pode-se considerar que a variedade temática projeta-se na preservação da cultura, identidade e comunidade surda, assim como no acesso às informações gerais.

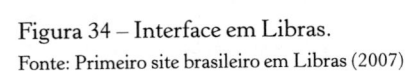

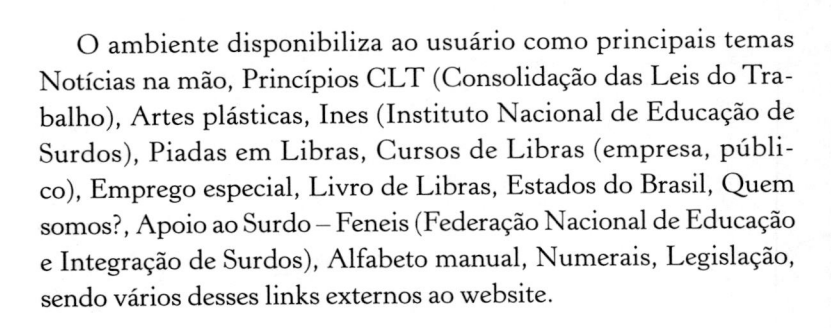

Figura 34 – Interface em Libras.
Fonte: Primeiro site brasileiro em Libras (2007)

O ambiente disponibiliza ao usuário como principais temas Notícias na mão, Princípios CLT (Consolidação das Leis do Trabalho), Artes plásticas, Ines (Instituto Nacional de Educação de Surdos), Piadas em Libras, Cursos de Libras (empresa, público), Emprego especial, Livro de Libras, Estados do Brasil, Quem somos?, Apoio ao Surdo – Feneis (Federação Nacional de Educação e Integração de Surdos), Alfabeto manual, Numerais, Legislação, sendo vários desses links externos ao website.

O website apresenta-se com interfaces acessíveis aos usuários surdos sinalizadores em Libras, em específico, e em outras páginas do ambiente os conteúdos estão escritos exclusivamente em formato de texto em língua portuguesa. Esse aspecto permite a reflexão quanto à perspectiva bilíngue da surdez relacionada à acessibilidade digital, ao objetivo do site e ao público que pretende atingir: o usuário surdo sinalizador teria facilidade para acessar o conteúdo escrito? Por que há ênfase no uso da Libras em algumas interfaces e em outras não há nenhuma tradução do conteúdo para essa língua visual-espacial? Que público efetivamente o ambiente pretende atingir?

Neste sentido, a proposta de construção de um ambiente informacional digital inclusivo, com aplicação de elementos de acessibilidade digital no planejamento da arquitetura da informação, pode viabilizar a efetiva aplicação da perspectiva bilíngue da surdez no ambiente web, conforme abordado no decorrer deste trabalho.

Apresentam-se como funcionalidade bilíngue alguns elementos de interface hipermídia, como os rótulos destacados na Figura 34. Vale enfatizar que a presença da Libras no ambiente digital é considerada uma condição de acesso a usuários surdos sinalizadores. Todavia, na perspectiva bilíngue da surdez, há a valorização da LS como natural ao surdo e a língua portuguesa (oral ou escrita) como segunda língua, aspectos que devem ser mensurados no desenvolvimento de ambientes digitais inclusivos. Os surdos, em conformidade com suas comunidades e ideologias, requerem a criação de ambientes informacionais digitais baseados no desenho universal, não exclusivos e excludentes.

Os criadores desse website apresentam-se em Libras no link "Quem somos?" e disponibilizam na homepage endereço de e-mail para sugestões, dúvidas, críticas ou elogios. Entretanto, a pesquisadora enviou uma mensagem para o endereço mencionado e não recebeu nenhuma resposta, o que representa um problema a ser solucionado. O usuário desse ambiente não tem *feedback* dos desenvolvedores do sistema, embora seja oferecido o serviço. Assim, há um comprometimento da interatividade, da confiabilidade e da consistência entre usuário e desenvolvedor do sistema informacional.

Constatou-se, ainda, que as informações disponíveis na interface não foram atualizadas desde 30 de julho de 2006, pois em visita realizada em julho de 2008 as mesmas permanecem datadas daquele ano. Com isso, verifica-se que o ambiente informacional digital está estático em suas atualizações e na disseminação de conteúdos aos usuários, que podem já ter buscado outra de fonte de informação, diferenciada dessa.

As tecnologias identificadas nessa ambiência, como recursos do próprio sistema e não do usuário, caracterizam-se como elementos de acessibilidade que podem promover a melhoria na qualidade de vida, autonomia e independência do usuário, em especial do usuário surdo em ambientes digitais.

Contudo, considera-se este ambiente relevante para as análises em acessibilidade digital, embora algumas alterações e revisões em seu planejamento precisem ser realizadas, no que consiste a perspectiva bilíngue, ao desenho universal e as condições de acesso e uso quanto a estruturação de uma Arquitetura da Informação Digital Inclusiva, em especial para usuários Surdos.

Interface web institucional UFSC[4]

A Universidade Federal de Santa Catarina (UFSC) atua em diversos setores da sociedade no planejamento de cursos com objetivos de ensino-aprendizagem definidos, qualidade do conteúdo, condições de acesso tecnológico aos ambientes de recepção e verificação do histórico de aprendizagem das pessoas a serem qualificadas. Com o objetivo de fazer educação de qualidade com competência, a equipe de trabalho da UFSC iniciou, em 1995, o uso do

---

4 As informações relacionadas ao website da Universidade Federal de Santa Catarina foram coletadas por meio de sua própria interface digital da internet, a qual se encontra disponível em: <http://www.ead.ufsc.br/portal/index. php?section=10>. Acesso em: 15 mar. 2007.

ensino a distância na pesquisa e na formação de pessoas por meio de projetos de extensão. Em 2005, introduziu o desafio, oferecendo o ensino de graduação público a distância com o objetivo de ampliar a atuação da universidade no interior do estado.

Dentre as iniciativas e ambientes relacionados ao ensino a distância da UFSC serão apresentados, nesta análise, os ambientes digitais do Curso Letras-Libras a distância[5] e do Exame Nacional de Proficiência em Língua Brasileira de Sinais – ProLibras,[6] que apresentam interfaces propícias para o acesso de usuários surdos, assim como priorizam a participação da comunidade surda no curso de graduação e no exame de proficiência, juntamente com ouvintes.

Assim sendo, a interface do Curso Letras-Libras a distância está organizada em esquema ambíguo por tópicos e específico a um público, com interfaces abertas e fechadas (necessita do cadastro prévio do usuário) e com estrutura hipertextual de navegação. O sistema de navegação caracteriza-se como local, com rotulagem de links textuais em língua portuguesa escrita e em SignWriting, que permitem a busca exploratória por informações disponíveis no ambiente.

Esse ambiente apresenta interface objetiva, navegável e visível ao usuário surdo sinalizador, principalmente pela aplicação de recurso hipermídia no acesso ao conteúdo informacional digital.

---

5 O curso é uma iniciativa da UFSC, com o objetivo de formar professores para atuar no ensino da LS. Foi desenvolvido na modalidade a distância em rede nacional e tem como públicos-alvo instrutores surdos e surdos fluentes em Libras, assim como ouvintes fluentes em LS que tenham concluído o ensino médio.

6 No final do segundo semestre de 2006, a UFSC e a Coperve abriram as inscrições para o Exame Nacional de Certificação de Proficiência em Língua Brasileira de Sinais – Libras e ao Exame Nacional de Certificação de Proficiência em Tradução e Interpretação da Libras/Língua Portuguesa, intitulado ProLibras. A partir das atribuições delegadas ao MEC pelo Decreto n. 5.626/2005, em 5 de junho de 2008, por meio da publicação da Portaria MEC n. 679, institui-se um Comitê Executivo para planejar, monitorar a realização dos exames e avaliar, até 10 de dezembro de cada ano, a realização do ProLibras (Brasil, 2008).

O SignWriting e a Libras, considerados elemento de acessibilidade (Figura 35), podem atender às necessidades de determinados usuários surdos e de outros não, em função das diferenças existentes nas comunidades surdas, assim como em outros grupos linguísticos e sociais. Todavia, a aplicação do recurso tem o objetivo de ampliar as possibilidades de acesso e valorização da cultura e identidade surda na perspectiva bilíngue.

De forma simultânea, o usuário escolhe o link de acesso em SignWriting e em língua portuguesa escrita, e visualiza o conteúdo por meio da Libras em vídeo e em língua portuguesa escrita, conforme destaque na Figura 35.

Com isso, os principais elementos de acessibilidade encontrados no website do Curso Letras-Libras a distância promovem um ambiente informacional digital acessível à comunidade surda que seja fluente em Libras, que domine, mesmo que parcialmente, a língua portuguesa escrita e que conheça a escrita em SignWriting.

Outros elementos de acessibilidade foram identificados nessa interface, entre os quais se enfatiza o controle do usuário na visua-

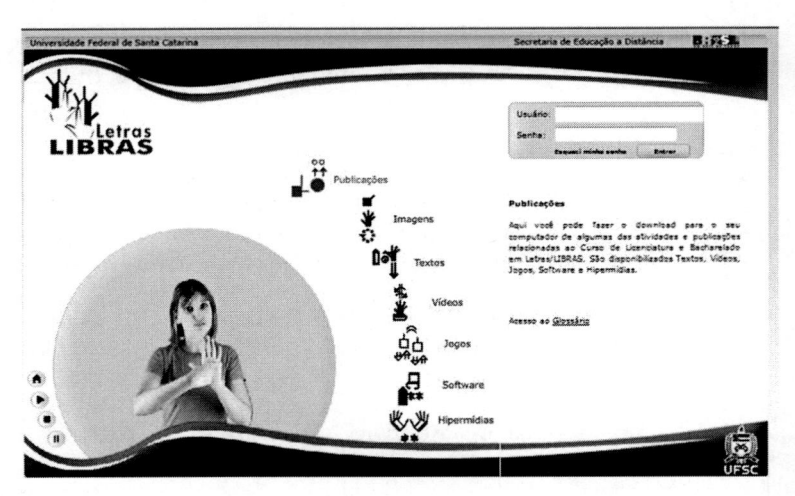

Figura 35 – Interface do website do Curso Letras-Libras – UFSC.
Fonte: Universidade Federal de Santa Catarina – EAD Letras-Libras (2011)

lização do vídeo: interromper e ativar de acordo com sua necessidade; o retornar à página principal por meio do ícone *"Home"* (recurso do próprio sistema); e marcação do link de navegação por meio de alteração de cor. Esses elementos visam tornar a navegabilidade pelo ambiente mais agradável e objetiva ao usuário.

Esses elementos integrados a Aidi podem possibilitar ao usuário surdo a autonomia e independência na interação com o ambiente digital, assim como favorecer o acesso de outros tipos de usuário à informação digital disponível.

Apesar de o Curso Letras-Libras ter um ambiente digital específico, a UFSC, por meio da Comissão Permanente do Vestibular (Coperve), realizou a divulgação do processo seletivo em ambiente web. O website da Coperve também se destaca por apresentar alternativas para diferentes formatos de documentos no acesso ao conteúdo informacional, em que se destacam os tipos de documento que o usuário encontra para acessar o conteúdo informacional digital: PDF e vídeo em Libras. A estrutura da arquitetura da informação dessa interface digital permite ao usuário surdo acessar a informação disponível por meio de diferentes tipos de documento.

Da mesma forma, no ambiente digital do website ProLibras[7] apresenta diversos elementos para atender à comunidade surda, com conteúdos em diferentes tipos de documento acessíveis a públicos-alvo específicos e gerais. Em diferentes formatos, o conteúdo informacional digital é apresentado ao usuário, com ênfase a interpretação em Libras, em especial o edital do exame, informações sobre a prova e as questões de provas anteriores.

Os ambientes digitais do curso e do exame da UFSC apresentam-se com interfaces adequadas aos usuários surdos, em especial. Com foco na perspectiva bilíngue da surdez e na acessibilidade digital, considera-se que esses ambientes possam ser aprimorados na apresentação de conteúdos digitais com a utilização de recursos

---

7 As informações relacionadas ao ProLibras foram coletadas por meio do web-site de divulgação do exame, o qual se encontra disponível em: <http://www.prolibras.ufsc.br/>. Acesso em: 29 jan. 2007.

hipermídia. No exemplo da interface do Curso Letras-Libras, esse elemento de acessibilidade pode ser aprimorado a partir de uma melhor visualização do texto em língua portuguesa escrita e até com a inserção de áudio como opção livre para o usuário.

Núcleo de Estudos e Pesquisas em Educação de Surdos – Nepes[8]

O Núcleo de Estudos e Pesquisas em Educação de Surdos (Nepes) apresenta perspectivas históricas, políticas e culturais que destacam um processo de revisão dos próprios princípios organizadores do trabalho realizado pelo núcleo. O Nepes apresenta um estreito trabalho em relação à identidade, à história e à cultura surda, tendo como imperativo deslocar paradigmas estabelecidos quanto à língua (a língua portuguesa passou a ser concebida como segunda língua), à formação (compreensão do processo histórico e social de exclusão dos Surdos) e às relações assimétricas de poder e saber entre surdos e ouvintes (quem detêm o conhecimento sobre a cultura surda).

Tendo em vista a proposta do Nepes, seu ambiente digital apresenta como elemento de acessibilidade a presença do SignWriting na composição da arquitetura da informação. Na Figura 36, é apresentada a homepage do website, com sistema de navegação com rótulos textuais em língua portuguesa e em SignWriting.

A presença do SignWriting na interface do ambiente digital, conforme mencionado anteriormente, pode ser um elemento de acessibilidade para alguns surdos e para outros não. A vivência com os surdos durante a coleta de dados demonstrou-se extremamente enriquecedora nesse aspecto. Muitos dos participantes não conhecem a escrita da LS – um deles chegou a confundir o SignWriting com o sistema de leitura e escrita para cegos, o Braille. Por outro lado, outros participantes conhecem, usam e consideram esse siste-

---

8 As informações relacionadas ao Nepes foram coletadas por meio de sua própria interface digital, a qual se encontra disponível em: <http://www. sj.cefetsc.edu.br/~nepes/>. Acesso em: 10 mar. 2007.

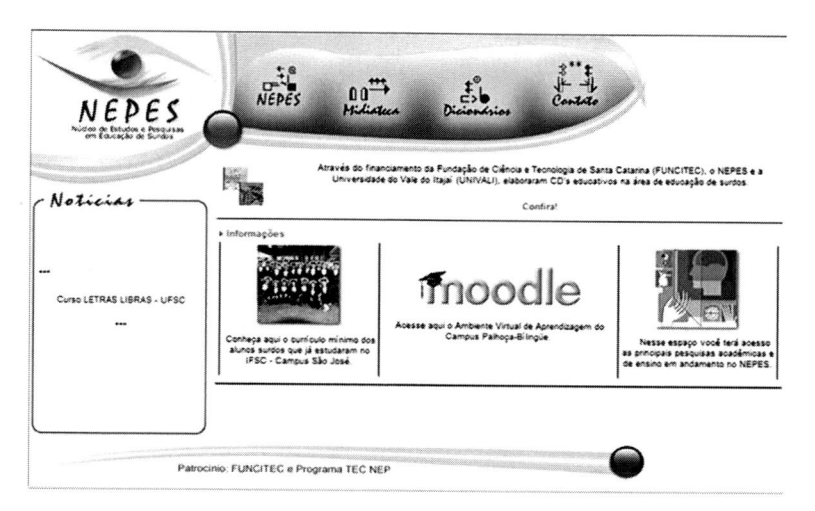

Figura 36 – Homepage do website do Nepes.
Fonte: Nepes (2011)

ma de escrita um elemento que deve ser introduzido em ambientes informacionais digitais.

Com isso, ressalta-se a importância da inclusão de tecnologias de informação e comunicação na estruturação de uma Aidi que possa promover condições de acesso e qualidade de uso para o atendimento às necessidades informacionais de diferentes tipos de usuário, em especial dos surdos, para que possam interagir e acessar os conteúdos informacionais com autonomia e independência.

Nesse sentido, alguns ambientes de bibliotecas digitais caracterizaram-se como relevantes na demonstração da viabilidade de alguns dos elementos do Madaidi. No Capítulo 5, as bibliotecas digitais foram assinaladas pelos participantes surdos como ambientes que utilizam, embora não tenham mencionado o link de acesso a nenhuma delas nos questionários. Portanto, no intuito de ilustrar ambientes de bibliotecas digitais acessíveis, embora não tenham sido indicados pelos participantes surdos, apresenta-se a seguir a análise dos ambientes digitais da Biblioteca Virtual do Estudante Brasileiro e da Biblioteca de Signos.

Bibliotecas digitais

As bibliotecas digitais como ambientes informacionais e tecno-lógicos, no acompanhamento dos avanços em ciência e tecnologia, têm realizado adaptações em suas interfaces e serviços para o atendimento de diferentes comunidades virtuais. Assim, vêm passando por transformações que possibilitam o acesso a seus acervos, desde o catálogo até a coleção digital de materiais diversos.

O desenvolvimento de uma biblioteca digital exige o estudo sobre suas funcionalidades, suas características e os serviços oferecidos, suas políticas de desenvolvimento de coleções baseadas em tipos documentais, sua política de preservação, seus conteúdos informacionais e seus públicos-alvo – o planejamento da estrutura digital de websites (Vidotti; Sant'Ana, 2005).

Portanto, a construção de uma biblioteca digital inclusiva em ambiente web envolve critérios de seleção da coleção de documentos digitais em formatos hipermídia operáveis, acessíveis e visíveis por diferentes comunidades de usuários, no atendimento de suas necessidades informacionais e tecnológicas peculiares. Assim, são apresentadas, a seguir, algumas aplicações dos elementos de acessibilidade digital na estruturação da Aidi em ambientes específicos de bibliotecas digitais.

Biblioteca Virtual do Estudante de Língua Portuguesa[9]

A Biblioteca Virtual do Estudante de Língua Portuguesa (BibVirt), apresentada na Figura 37, oferece recursos educacionais úteis para estudantes e professores desde o ensino infantil até o universitário, no intuito de ajudar a suprir a carência de bibliotecas escolares no país e de materiais de qualidade em língua portuguesa na internet, além de estimular o interesse pela leitura.

---

9 As informações relacionadas a BibVirt foram coletadas por meio de sua própria interface web, a qual se encontra disponível em: <http://www.bibvirt.futuro.usp.br/index.php>. Acesso em: 10 mar. 2007.

A biblioteca tem como objetivo disponibilizar gratuitamente vasta quantidade de informação atualizada e facilmente acessível; oferecer um ambiente dinâmico, interativo e motivador e o aperfeiçoamento das habilidades de busca por informação pelos estudantes, com respeito e estímulo à liberdade de investigação de todos os pontos de vista; acelerar a modernização da educação brasileira; ajudar a reduzir o isolamento das áreas rurais e de pequenas comunidades brasileiras; e facilitar o desenvolvimento de recursos humanos para a Era da Informação, capacitando as pessoas para o uso das novas tecnologias de informação e comunicação.

Figura 37 – Homepage BibVirt.
Fonte: Universidade de São Paulo – BibVirt (2007)

O website da BibVirt apresenta-se organizado em esquema híbrido (esquema ambíguo em tópicos e específico a um público, esquema exato alfabético) e estrutura hipertextual. O sistema de navegação caracteriza-se como *ad hoc*, hierárquico global ou local, com barras de navegação e mapa do site com rotulagens textuais objetivas que possibilitam a busca exploratória por conteúdos disponíveis no ambiente digital.

De forma geral, a BibVirt apresenta-se com conteúdo informacional hipermídia (áudio, vídeo e texto) objetivo, navegável e visível ao usuário. Nesse sentido, vale destacar a acessibilidade aos livros falados destinados aos usuários com problemas visuais e a conteúdos em LS no atendimento aos surdos sinalizadores.

Por meio da interface da BibVirt, identifica-se o software necessário para acessar a informação de forma clara pelo usuário e as alternativas de conexão (*modem* banda larga ou discada) para melhor visualização do conteúdo. A preocupação com a compatibilidade entre hardware e software, entre usuário e sistema, tornam-se fundamentais no acesso e no uso da informação. O tempo de duração do vídeo permite que o usuário verifique suas possibilidades e se organize para acessar o conteúdo.

Um dos conteúdos analisados e destacados nesta pesquisa é a narrativa da história *Chapeuzinho Vermelho – a Surda*, disponível também pelo YouTube. Os personagens e o cenário são de papel e manipulados com arame. Juntamente com o cenário, está o narrador onisciente que sinaliza a história. A narrativa é intercalada pelas imagens (dinâmicas e estáticas) e pela sinalização da história. Em seu projeto original, o vídeo é totalmente sem som, para que os ouvintes vivenciem a experiência do mundo surdo.

O recurso do RealOne Player possibilita ao usuário ampliar a tela do vídeo, o que permite o ajuste necessário e agradável sua visualização. Além desse recurso de acessibilidade, o usuário pode controlar o vídeo por meio de ferramenta de controle do sistema. Ao usuário está visível o tempo de duração do vídeo e o quanto este já transcorreu na reprodução do conteúdo da história.

Apesar de estar destacada a vivência com a surdez pelos ouvintes, considera-se o recurso de áudio um elemento de acessibilidade relevante a ser aplicado nesse contexto da história *Chapeuzinho Vermelho – a Surda*, capaz de ampliar o leque de usuários do sistema. Nesse sentido, no website da ONG Vez da Voz encontra-se disponível para download o vídeo dessa versão da história com a narrativa em áudio.

O tratamento da informação representada em Libras, nesse contexto, é fruto do trabalho de graduação da Escola de Comunicações e Artes da USP, desenvolvido por Andréa Iguma, sob orientação de Leland McCleary (Departamento de Letras Modernas – FFLCH/USP), Marcello Tassara (Departamento de Cinema, Rádio e TV – ECA/USP) e Roberto Moreira (Departamento de Cinema, Rádio e TV – ECA/USP). Desenvolvido junto ao Projeto de Integração das Tecnologias de Comunicação ao Processo de Letramento do Surdo, o trabalho contou com a parceria da Escola do Futuro da USP, da Escola Municipal de Educação Especial (EMEE) Anne Sullivan e da Secretaria Municipal de Educação da Prefeitura Municipal de São Paulo, por meio do programa de ensino público da Fundação de Amparo a Pesquisa do Estado de São Paulo (Fapesp). A realização do vídeo contou com o apoio Feneis – SP.

Biblioteca de Signos[10]

A Biblioteca de Signos, link da Biblioteca Virtual Miguel de Cervantes, coloca à disposição de todos os usuários de Língua de Sinais Espanhola (LSE), dos profissionais e de pesquisadores dessa língua um projeto pioneiro no mundo: a primeira biblioteca geral em uma LS. No acervo dessa biblioteca, estão incluídos: material bibliográfico, resumos e textos completos em LS da história da educação de pessoas surdas na Espanha (biblioteca de autores espanhóis), da investigação moderna em linguística das LS e educação bilíngue. Disponibiliza o Dicionário Histórico da Língua de Sinais Espanhola, da Gramática Visual e do Sistema de Escrita Alfabética em LSE. Na seção de literatura, encontram-se poesias e contos sinalizados, assim como amplo acervo de obras literárias completas.

---

10 As informações sobre a Biblioteca de Signos foram coletadas por meio de seu website, o qual se encontra disponível em: <http://www.cervantesvirtual.com/seccion/signos/>. Acesso em: 18 mar. 2006.

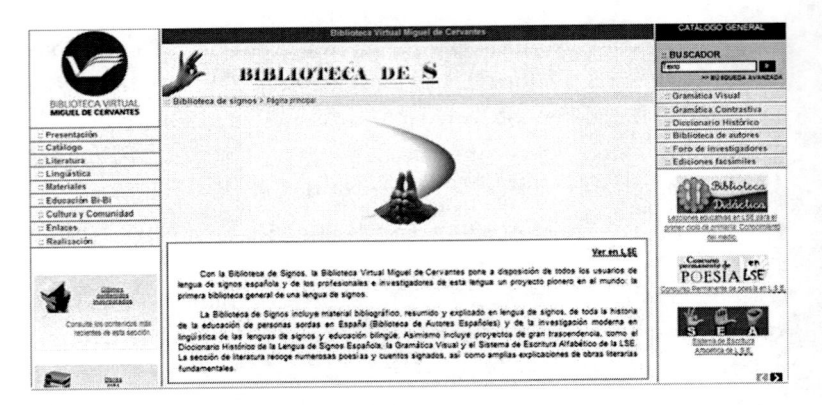

Figura 38 – Homepage da Biblioteca de Signos.

Fonte: Fundación Biblioteca Virtual Miguel de Cervantes (2006)

Verifica-se na Figura 38 a homepage da Biblioteca de Signos como um ambiente digital acessível aos usuários surdos que utilizam a LSE, no qual esta está presente como elementos de interface e na recuperação de informações. A apresentação da página pode ser visualizada em LSE pelo usuário acionando-se o link "Ver em LSE", em conformidade com o destaque da Figura 38.

Identificam-se na interface da Biblioteca de Signos diversos elementos de acessibilidade digital específicos a usuários surdos, com o planejamento de uma Aidi que possa atender às necessidades informacionais desse público-alvo espanhol, de forma específica, mas também de outros usuários, de forma geral. As interfaces apresentam-se em LSE e em espanhol, em conformidade com a perspectiva bilíngue da surdez.

A Biblioteca de Signos espanhola está organizada em esquema híbrido (esquema ambíguo em tópicos e específico a um público, esquema exato alfabético) e estrutura hierárquica e hipertextual. Apresenta-se com sistema de rotulagem textual e com vídeos dinâmicos em LSE, com apoio do alfabeto manual espanhol.[11] Encon-

---

11 Representação das letras do alfabeto pela configuração de mão do emissor para o receptor.

tra-se nesse ambiente o sistema de navegação hierárquico global ou local, por meio de barras de navegação e mapa do site. As pesquisas pelo sistema podem ser realizadas por meio de catálogos, em textos, sumários de revistas e pelo número de registro. As buscas podem ocorrer por meio de palavra-chave ou frase, pela lógica booleana e por tipos específicos de itens. O resultado da busca aparece por ordem de relevância e pode ser refinado pelo usuário, de acordo com suas preferências.

No link *"Accessibilidad"*, encontram-se informações sobre os critérios de acessibilidade digital colocados em prática no ambiente, que se baseiam no cumprimento das diretrizes do W3C/WAI e no desenho universal, possibilitando que o website seja acessado por diversos usuários, independentemente de suas condições senso-riais, linguísticas e motoras.

O site da biblioteca foi validado pelo W3C/WAI e pelo TAW 3 (*Web Accessibility Test*), na época da análise para este estudo. A par-tir dessas validações, o ambiente informacional digital da Biblioteca de Signos adquiriu os seguintes selos: Duplo A (conformidade com as diretivas de acessibilidade do W3C/WAI em nível de prioridade 1 e 2); uso correto da linguagem XHTML versão 1.0; uso correto da sintaxe das folhas de estilo e de aprovação pelo TAW 3.

Com ambiente informacional objetivo e navegável, principal-mente para usuários surdos, a Biblioteca de Signos apresenta uma interface em formato hipermídia, por meio de imagens estáticas e dinâmicas, textos e sons.

A marcação do primeiro plano para o segundo com o uso do alfabeto manual, rótulos de links em vídeo com tradução para LSE e formatos de documentos em LSE (Figura 38) se configuram em condições de acesso para usuários surdos sinalizadores nesse am-biente informacional digital, assim como para outros tipos de usuá-rio leitores e ouvintes da língua espanhola.

Vale enfatizar a presença privilegiada da LS na narrativa da história aos usuários surdos sinalizadores que acessam o website. Destacam-se, por exemplo no link Literatura – Cuentos Infantiles, a organização da informação hipermídia como recurso do próprio sistema aplicado ao ambiente informacional digital e o efeito computacional aplicado ao folhear da página de um livro na tela, que representa uma realidade cotidiana.

Consideram-se como elementos de acessibilidade nesse ambiente, além da presença marcante da LS, o ajuste no volume do áudio e o controle do usuário no acesso à informação com o manuseio de ferramentas do sistema.

No que diz respeito à navegabilidade, o usuário verifica a compatibilidade entre sistema, hardware e software pelas alternativas de conexão de *modem* no acesso à informação. Os itens recentes do acervo aparecem em destaque (*"Nuevo"*), elemento de acessibilidade que possibilita ao usuário a rápida localização da informação adicionada ao ambiente digital.

As teclas de atalho para navegação apresentam-se no link Accesibilidad del Sitio web como elementos viáveis para melhor qualidade de uso do sistema por usuário com mobilidade reduzida. Entretanto, para que as teclas funcionem adequadamente deve haver compatibilidade entre sistema e software navegador do usuário.

Entretanto, constataram-se alguns problemas de acessibilidade nesse ambiente digital. O conteúdo total da tela não é visualizado na resolução 800 x 600 *pixels*, caracterizando-se como um possível problema de acessibilidade que pode prejudicar a qualidade de uso do sistema pelo usuário. Nessa resolução de vídeo, o usuário precisa utilizar as barras de rolagem horizontal e vertical para acompanhar o conteúdo textual, além de perder os efeitos computacionais do folhear de um livro. Dessa forma, os criadores do ambiente devem promover a flexibilidade no ajuste do conteúdo a resoluções diversas de monitores, inclusive PDAs, que estão em uso por uma ampla proporção de usuários de tecnologias digitais.

Contudo, os ambientes de bibliotecas digitais, embora se apresentem com elementos de acessibilidade digital, possuem diversos problemas de usabilidade que podem ser amenizados com a aplicação de alguns elementos apresentados no Madaidi, assim como (re) planejados ou adaptados de acordo com os conceitos e princípios que envolvem a Aidi.

Vale destacar que a inclusão de elementos de acessibilidade deve ser pensada no contexto do planejamento do ambiente informacional, considerando objetivo, público-alvo, recursos tecnológicos disponíveis, tratamento e representação de informações, tipos de documento e a relação custo-benefício do contexto tecnológico e informacional referente ao acesso e ao uso de ambiente informacional por parte dos usuários.

Nesse contexto, com o objetivo de ilustrar outras possíveis validações do Madaidi em ambiente digital, apresentam-se na próxima seção algumas interfaces de websites internacionais compatíveis com o modelo desenvolvido. Esses ambientes foram localizados no decorrer da pesquisa e não foram mencionados pelos surdos respondentes dos questionários.

Websites internacionais acessíveis a surdos

Nesta seção, serão destacadas algumas telas capturadas de ambientes web diversos que contribuíram para fundamentar a viabilidade do Madaidi, assim como para apresentar iniciativas já realizadas em outros países quanto à inclusão digital e social de surdos por meio da acessibilidade aplicada à web.

Diário Signo

O Diário Signo é um ambiente digital espanhol que apresenta links, rótulos e conteúdos informacionais em LSE (LSE), conforme ilustra a Figura 39. O usuário pode acessar o conteúdo em LSE e em texto escrito em espanhol, como diferentes alternativas de línguas na visualização do conteúdo informacional digital.

Identificam-se na Figura 39 os tópicos de conteúdos disponíveis aos usuários do ambiente, as principais notícias e as alternativas de acesso à informação, *banners* informativos, congressos, eventos, comunidade surda, entre outras.

Figura 39 – Homepage Diário Signo – Espanha.

Fonte: Diário Signo (2007)

Esse ambiente web inclusivo apresenta-se acessível a usuários surdos, com a presença da escrita em língua espanhola e da LS como alternativas de acesso ao conteúdo informacional digital, caracterizando-o como um ambiente bilíngue e acessível a diferentes tipos de usuário, em especial aos surdos sinalizadores espanhóis. Destacam-se, nessa interface, os rótulos em LS em formatos dinâmicos, que se movimentam de acordo com o posicionamento do *mouse*.

Todavia, com o dinamismo das reorganizações e estruturações da arquitetura da informação digital, este website analisado em julho de 2011 apresenta nova interface, com a presença de vídeos em Língua de Sinais Espanhola com os conteúdos informacionais digitais, excluindo da interface os rótulos dinâmicos em LS, o que lhe agregava um diferencial para a interface no âmbito na acessibilidade.

World Deaf Congress

O ambiente digital de divulgação do 15º Congreso Mundial de la Federación Mundial de Personas Sordas, ocorrido na Espanha em junho de 2007, apresenta alguns de seus conteúdos traduzidos para a LS em animações tridimensionais e em vídeos (Figura 40).

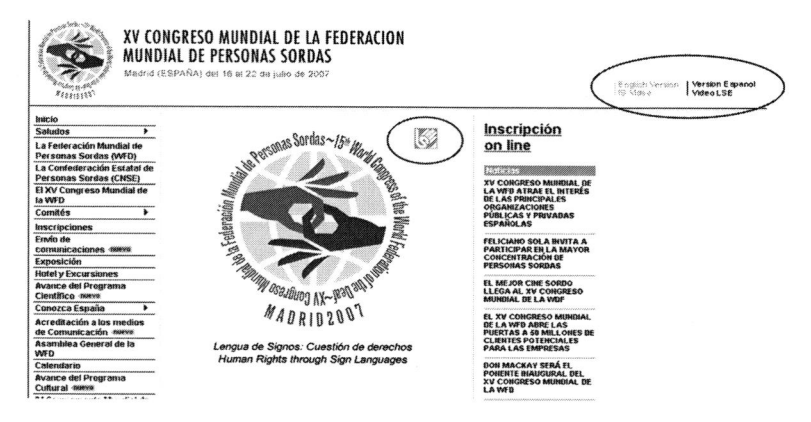

Figura 40 – Homepage do World Deaf Congress.
Fonte: Federación Mundial de Personas Sordas (2006)

Na Figura 41, são visualizadas animações em LSE tanto em vídeos tridimensionais como em bidimensionais. A tridimensionalidade na apresentação do conteúdo ocorre em formato hipermídia, com áudio, imagem e texto (legenda do vídeo). Os conteúdos visualizados em formatos de vídeos bidimensionais apresentam as informações em LSE com áudio, sem legenda. As informações podem ser acessadas em inglês e em espanhol, de acordo com as preferências do usuário.

Figura 41 – Animações em Língua de Sinais Espanhola.
Fonte: Federación Mundial de Personas Sordas (2006)

Além de apresentar a informação em vídeo com conteúdo traduzido para a LS, visualiza-se na homepage do website a barra de navegação com destaque para as novidades inseridas no ambiente para facilitar o acesso dos usuários às atualizações. Os vídeos e as animações possuem controle do usuário na interação com o sistema.

Contudo, esse website apresenta-se com elementos específicos de acessibilidade digital para o atendimento das necessidades informacionais de usuários da LS, com a aplicação de animação tridimensional como um aspecto inclusivo inovador no âmbito da inclusão digital e social de minorias linguísticas surdas. Esse ambiente pode ser acessado por diferentes tipos de usuário, apresentando conteúdos informacionais digitais em áudio, vídeo em LSE e texto.

Web Sourd

O Web Sourd é um ambiente informacional digital francês com presença marcante da Língua de Sinais Francesa (LSF) na apresentação dos conteúdos informacionais (Figura 42). Com layout colorido e animado, o usuário tem acesso às informações em texto escrito em francês e em LSF em formato de vídeo associado à interface do sistema.

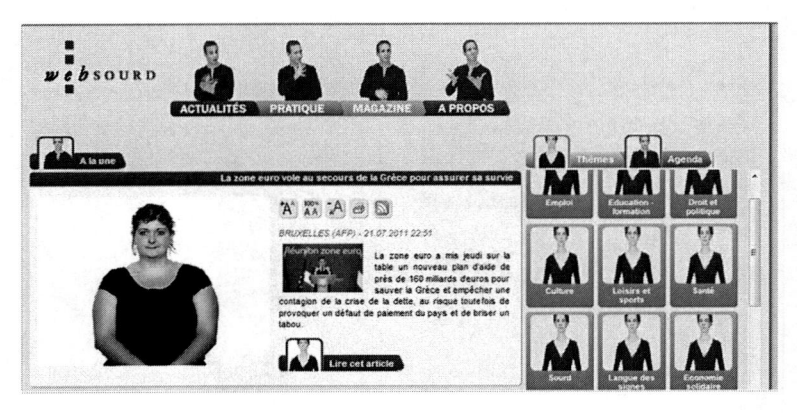

Figura 42 – Homepage de website francês.
Fonte: Web Sourd (2011)

Na Figura 42, é destacada a homepage do website francês com os links de navegação rotulados em formato textual e iconográfico, com animação dinâmica em Libras, assim como disponibiliza ao usuário informações por meio de vídeo traduzido para a LSF.

Além do layout criativo, o usuário controla sua interação com o sistema por meio de ferramentas específicas. As páginas que compõem o website são distinguidas, pelos usuários, por meio da distinção de cores e recursos imagéticos do plano de fundo. Há também destaque do link acessado para que o usuário possa localizar-se durante a navegação pelo ambiente informacional digital.

O Web Sourd apresenta elementos de acessibilidade em seus conteúdos textuais e na apresentação dos links de navegação, compondo um ambiente bilíngue para usuários surdos. Cada personagem exerce uma função na narrativa do conteúdo: um apresenta os links enquanto outro, o conteúdo informacional (Figura 42).

Sign Community

O Sign Community é um website disponível na língua inglesa e na Língua de Sinais Britânica (LSB). Na homepage (Figura 43), o usuário escolhe qual dos ambientes deseja acessar.

Diferentemente dos ambientes anteriores, nos quais havia alternativas de acesso ao conteúdo em diferentes formatos em uma mesma interface, no Sign Community existem as opções de acesso à interface em LSB ou em língua inglesa escrita, o que oferece aos usuários alternativas de acesso ao mesmo conteúdo informacional em diferentes línguas e interfaces acessíveis a fim de atender às necessidades informacionais e tecnológicas de diferentes usuários. O planejamento deste ambiente informacional digital inclusivo envolveu diferentes designs de interface, caracterizando-se como um ambiente bilíngue, na perspectiva da surdez, para atender às necessidades de usuários surdos sinalizadores, dentre demais usuários.

Destacam-se nesta figura os rótulos dos links apresentados em LS e em texto simultaneamente. Os rótulos em LS são dinâmicos, em conformidade com o movimento do *mouse* pela interface. No

Figura 43 – Homepage do website Sign Community.
Fonte: Sign Community (2011)

centro da tela, as informações são apresentadas acionando-se as ferramentas de controle do usuário disponíveis no sistema. Tanto a apresentação dos links quanto dos conteúdos são visualizados por meio da LSB. Para acesssar a interface escrita, o usuário tem como alternativa clicar no link "Click her to ship to text version".

Entre os ambientes apresentados neste capítulo, encontram-se diversas interfaces com aplicações de elementos de acessibilidade que favorecem o acesso de usuários com diferentes condições sensoriais, linguísticas e motoras, e em especial aos surdos, a ambientes informacionais digitais.

Destacaram-se ambientes web que podem ser considerados exclusivos para determinados tipos de usuário, como, por exemplo, algumas páginas do Primeiro site em Libras, os quais encontram-se somente em LS. Da mesma forma, na BibVirt o usuário tem disponível o conteúdo da história *Chapeuzinho Vermelho – a Surda* em vídeo dinâmico traduzido para a Libras sem a presença de áudio e texto escrito disponíveis. Por outro lado, nesse mesmo ambiente encontram-se livros falados por meio do link "Sons". O ambiente da Biblioteca de Signos espanhola possui recurso hipermídia com presença marcante da LSE, evidenciando o interesse no atendimento ao público surdo da Espanha, podendo ser acessado por outros usuários por meio de aplicações em áudio, vídeo em LSE e texto na língua espanhola, assim como navegação via teclado para usuários com mobilidade reduzida.

No Curso Letras-Libras, identificou-se a presença do SignWriting, da Libras e da língua portuguesa em uma única interface, caracterizando-se como um ambiente acessível com aplicações de elementos contidos no Madaidi. Da mesma forma, no sistema de rotulagem do Nepes visualizou-se o SignWriting e a língua portuguesa escrita. Ainda com destaque a aplicações de elementos do Madaidi, no ambiente do ProLibras o usuário pode acessar o conteúdo em diferentes formatos de documentos (DOC, PDF e em vídeo em Libras), em conformidade com seu interesse informacional, sua necessidade, sua preferência e habilidade linguística, projetado de acordo com o princípio do desenho universal.

Dos ambientes internacionais, de forma geral, evidenciam-se alternativas de acesso ao conteúdo informacional escrito ou em LS de sua respectiva origem (LSF, LSE, LSB). Alguns desses ambientes apresentam links dinâmicos em LS, como o Diario Signo e o Web Sourd; outros, vídeos bidimensionais ou tridimensionais da LS, como o World Deaf Congress. O ambiente do Sign Community, diferentemente dos ambientes anteriores, apresentou-se em dois formatos: LSB e inglês britânico, marcando duas alternativas de acesso no âmbito linguístico, caracterizando a língua visual--espacial de forma efetiva na perspectiva bilíngue da surdez.

Contudo, neste capítulo foram tratados aspectos relevantes para o planejamento de uma Aidi, tendo o Madaidi como instrumento para análise e decisão de planejamento estratégico de ambiente informacional digital inclusivo.

Diante das análises apresentadas, reforça-se a necessidade de planejamento de uma Aidi, a qual promova condições de acesso e qualidade de uso em ambientes informacionais digitais acessíveis e inclusivos.

A seguir, apresentam-se as considerações finais referentes ao trabalho de pesquisa desenvolvido, pontuando as implicações e a relevância deste trabalho para a área de Ciência da Informação, Educação, Estudos Surdos, Bilinguismo, para o âmbito científico e para a sociedade que tem se preocupado com a inclusão social e digital de seus cidadãos.

Considerações finais

O desenvolvimento deste trabalho de pesquisa acadêmica baseou-se em um referencial teórico no campo da Ciência da Informação em seu caráter interdisciplinar entrelaçado aos aspectos de inclusão digital de usuários com diferentes condições sensoriais, linguísticas e motoras, em especial de surdos, na perspectiva dos estudos surdos e do bilinguismo. A acessibilidade e a usabilidade digital, com aplicação de tecnologias de informação e comunicação, emergiram como princípios fundamentais na estruturação de ambientes informacionais digitais inclusivos.

Nesse sentido, apresentou-se a Arquitetura da Informação Digital Inclusiva (Aidi) como capaz de possibilitar a inclusão digital e social de grupos minoritários e não participativos, de forma efetiva, do contexto da sociedade da informação. A arquitetura baseia-se em quatro princípios: acessibilidade, usabilidade, princípios do desenho universal e estrutura do ambiente digital (tecnologias digitais e assistivas). Com isso, espera-se que os desenvolvedores de ambientes informacionais digitais, e em específico de websites, analisem o contexto de desenvolvimento e realização desses ambientes para promover a inclusão de diversos tipos de usuário em suas heterogeneidades diante das comunidades nas quais se inserem.

Neste livro, os principais usuários envolvidos no processo inclusivo fazem parte de minorias linguísticas surdas sinalizadoras, embora as demais peculiaridades que envolvem a surdez também tenham sido consideradas. Assim, a pesquisa teve como colaboradores usuários de ambientes informacionais digitais, surdos que utilizam de forma preferencial a Libras, que navegam em websites da internet e que conhecem a língua portuguesa oral ou escrita. Os níveis de fluência na língua oral-auditiva (oral e escrita) e na Língua de Sinais (LS) e os conhecimentos e experiências na interação com ambientes web não foram considerados relevantes neste trabalho. Esses aspectos delinearam o perfil dos participantes enquanto representantes de comunidades surdas em relação às ambiências informacionais digitais.

Os websites foram considerados ambientes informacionais viáveis ao desenvolvimento da pesquisa empírica, considerando-se o acesso à variedade de informações, layouts, arquitetura da informação e tecnologias de informação e comunicação capazes de incluir diferentes usuários, em especial os surdos.

No contexto de ressignificação da surdez enquanto diferença e da valorização da LS aos Surdos sinalizadores, foi possibilitado aos representantes de comunidades surdas de São Paulo, Santa Catarina, Ceará e Minas Gerais registrar suas percepções relacionadas à acessibilidade e à usabilidade digital.

A preocupação desta pesquisa foi a de dar visibilidade aos desejos e percepções dos usuários surdos em relação aos ambientes informacionais digitais, dando "voz" àqueles que foram "silenciados", vítimas do ouvintismo, de estereótipos e estigmas sociais. Assim, este trabalho tem como protagonistas sociais e digitais os próprios usuários surdos, representantes de diferentes comunidades surdas espalhadas pelas regiões geográficas do Brasil.

O "ver" e "ouvir" dos surdos sobre os ambientes digitais possibilitou aprimorar as percepções e depoimentos que destacam o interesse por uma inclusão digital e social. Alguns depoimentos enfatizaram o despertar criativo de desenvolvedores de websites, na promoção de ambientes com condições de acesso por meio da LS, conteúdos informacionais relacionados aos surdos e à surdez. Outros querem ampliar seus conhecimentos sobre a LS, fazer amigos, recuperar informações. Os interesses, ambientes e anseios são diferenciados e abrangentes, o que reforça a necessidade de construção de ambientes digitais baseados no desenho universal.

A participação efetiva da comunidade surda no desenvolvimento deste trabalho proporcionou um amplo leque de questionamentos, possibilidades e desejos inimagináveis na estruturação do projeto de pesquisa inicial.

Com isso, a partir do referencial sobre a Ciência da Informação, arquitetura da informação, usabilidade, acessibiliade, estudos surdos e bilinguismo, recomendações e guias de acessibilidade, iniciativas políticas nacionais e internacionais relacionadas à inclusão, a tecnologias assistivas, à análise de ambientes digitais e websites específicos, a tecnologias de informação e comunicação e aos depoimentos e percepções de voluntários surdos, tornou-se possível elencar elementos essenciais à constituição do Modelo para Análise e Desenvolvimento de Ambientes Informacionais Digitais Inclusivos (Madaidi).

Apesar de os participantes mencionarem ampla variedade de ambientes, estes apresentaram poucos recursos de acessibilidade. Observa-se que, pelo perfil dos respondentes – surdos preferencialmente sinalizadores –, tais ambientes não são impeditivos ao acesso dos surdos às informações, embora as dificuldades com a língua portuguesa tenham sido amplamente destacadas. No entanto, em suas pecepções focam-se reivindicações quanto à aplicação de alguns recursos de acessibilidade que, se adicionados às interfaces digitais, podem vir a melhorar as condições de acesso tanto de usuários surdos quanto dos demais, independentemente de suas condições sensoriais, linguísticas e motoras, assim como de suas habilidades, necessidades e preferências.

As percepções dos surdos foram essenciais e enriqueceram a construção do Madaidi, com a adição de elementos específicos para atendimento da comunidade surda, em especial. Tais percepções da comunidade surda bilíngue apontam a fundamentação social desta pesquisa acadêmica em função da necessidade de introdução de tecnologias de informação e comunicação em ambientes informacionais digitais em relação à grande quantidade recursos existentes.

O Madaidi foi desenvolvido com o intuito de orientar o planejamento e a introdução de ambientes informacionais digitais inclusivos e acessíveis, considerando as peculiaridades de públicos-alvo com problemas visuais, auditivos e motores, em especial a comunidade de surdos.

Para o desenvolvimento de uma ambiente informacional digital inclusivo, os elementos do Madaidi deverão ser selecionados no contexto do planejamento da ambiência a partir de seus objetivos, públicos-alvo e recursos tecnológicos e informacionais disponíveis, em uma relação custo-benefício viável.

Para tanto, destaca-se que os elementos inseridos no Madaidi podem ser introduzidos em conjunto ou separadamente, de acordo com as necessidades informacionais e tecnológicas do público-alvo a ser atendido, assim como os objetivos a serem atingidos por seus desenvolvedores. A coerência na escolha da associação de elementos e introdução destes no design de interfaces digitais deve ser fator essencial para viabilizar a qualidade de acesso e uso do ambiente informacional digital.

Constatar a viabilidade de aplicações do Madaidi em ambientes digitais indicados pelos usuários surdos, em websites de bibliotecas digitais e em interfaces internacionais pôde dar visibilidade a alguns aspectos de sua introdução e do planejamento estratégico da Aidi. Associadas aos depoimentos dos surdos quanto à necessidade de melhorias nas interfaces digitais, as aplicações do Madaidi apresentam elementos capazes de possibilitar o desenvolvimento e a análise de ambientes digitais inclusivos bilíngues, multiculturais, multilíngues e acessíveis.

Espera-se que a aplicação/introdução dos elementos do Madaidi, associada às políticas de inclusão digital, possam ampliar as possibilidades de acesso e uso das informações disponíveis no âmbito digital, em geral, e na web, em específico. A aplicação desses elementos visa contribuir para a promoção da acessibilidade digital de diferentes comunidades, inclusive de membros das comunidades surdas sinalizadoras em ambientes hipermídia informacionais.

A participação inclusiva dos surdos na sociedade da informação deve ser efetivada de forma autônoma e independente, com condições ampliadas de acesso e uso do ambiente informacional, assim como dos demais usuários potenciais, independentemente de suas condições sensoriais e motoras, habilidades, necessidades e preferências.

Os profissionais da informação, arquitetos da informação e demais envolvidos no campo da Ciência da Informação possuem um repertório de questionamentos sobre inclusão e acessibilidade que necessitam de pesquisas para o fortalecimento científico da área. Isso envolve a inclusão de usuários com diferentes condições sensoriais, linguísticas e motoras não somente em ambientes digitais, mas também em ambientes tradicionais de bibliotecas, arquivos, museus, que se apresentam cristalizados a um público homogêneo vidente, ouvinte e com autonomia motora.

No caso da comunidade de surdos destacada nesta pesquisa, evidencia-se uma mudança latente no contexto social e acadêmico rumo a uma visão sociocultural da surdez, ressignificada, visível diante do invisível, que invade diversas ambiências.

A Ciência da Informação e as diversas temáticas que envolvem esse campo científico poderiam se apropriar das possibilidades de inserção de pesquisas referentes à acessibilidade na sociedade da informação, a fim de ampliar espaços e ambientes inclusivos. Esse campo do conhecimento deve focar as necessidades dos usuários e os sistemas que possibilitem o acesso à informação, considerando--se a diversidade de usuários potenciais que pode atingir.

Relacionado aos estudos surdos, considera-se relevante o produto desta pesquisa no que diz respeito à ressignificação da surdez e ampliação de atuação social e política de membros da comunidade surda. Reflexões quanto ao bilinguismo na surdez surgem como discussão emergente relacionada às tecnologias de informação e comunicação disponíveis no processo de inclusão digital e social de surdos bilíngues e multilíngues.

O interesse e compromisso assumido pelos participantes da pesquisa em sempre esclarecer seus textos em Libras ou adicionar informações e explicações ao conteúdo registrado no questionário evidencia a importância de discussões relacionadas ao bilinguismo na surdez e a melhorias nas condições de acesso aos ambientes informacionais digitais.

Contudo, sugere-se como estudo futuro aprofundar questões de usabilidade digital com usuários surdos a partir da Aidi e do Madaidi, aspecto introduzido neste livro, fruto de dissertação de mestrado acadêmico e que necessita de aprofundamento no campo científico da Ciência da Informação. Da mesma forma, considerando-se as gerações web e a web 2.0, em especial, propor estudos referentes aos avanços tecnológicos e a participação destes usuários na cibercultura. Pretende-se que esses avanços científicos contribuam com disciplinas que envolvam estudos de usuário em ambientes informacionais digitais, disseminação seletiva da informação e inclusão digital.

Acredita-se que o Madaidi possa fazer que os desenvolvedores reflitam sobre quais elementos podem ser introduzidos em ambientes digitais que visam ampliar a autonomia e independência de diferentes tipos de usuário. Ampliar seu espaço informacional, interativo, político e social com o uso de tecnologias de informação e comunicação condizentes com a heterogeneidade de usuário e que promovam condições de acesso aos conteúdos disponíveis com qualidade de uso, o que se torna essencial na Era da Informação.

As vivências, as observações e as audiências quanto aos aspectos linguísticos, cognitivos e sociais que envolvem a autonomia e independência de surdos, na efetiva participação na sociedade, norteiam históricos de segregação e desmistifição social. Muitas situações de frustração, fracassos, descasos e iniciativas cinzentas podem ser encontradas na história de vida dos surdos em diversos ambientes. Há um abismo informacional e atitudinal entre ouvintes e surdos, o qual ultrapassa o despreparo diante do desconhecido, para a omissão e o descaso diante da invisibilidade da diferença auditiva, assim como do silenciar daqueles que se exprimem sem gritar, mas que têm em suas "vozes" muito o que dizer. Para isso, basta olhar e ver!

REFERÊNCIAS BIBLIOGRÁFICAS

ACESSIBILIDADE BRASIL. Estudos e projetos que privilegiam a inserção social e econômica das pessoas portadoras de deficiência. Rio de Janeiro. Disponível em: <http://www.acessobrasil.org.br>. Acesso em: 17 maio 2011.

ALENCAR, J. de. *Iracema*. Rio de Janeiro: Arara Azul, v.2, 2002. (Coleção Clássicos da Literatura em CD-ROM em Libras/português)

ALMEIDA, R. Q. O leitor navegador (II). In: FREIRE, F. M. P. et al. (Coord.). *A leitura nos oceanos da internet*. São Paulo: Cortez, 2003.

ARAÚJO, E. N.; ROCHA, E. M. P. da. Trajetória da sociedade da informação no Brasil: proposta de mensuração por meio de um indicador sintético. *Ciência da Informação*, v.38, n.3, p.9-20, dez. 2009. Disponível em: <http://www.scielo.br/pdf/ci/v38n3/v38n3a01.pdf>. Acesso em: 10 fev. 2011.

BARRETO, A. de A. A condição da informação. *São Paulo Perspectiva*, São Paulo, v.16, n.3, p.67-74, jul./set. 2002. Disponível em: <http://www.scielo.br/pdf/spp/v16n3/13563.pdf>. Acesso em: 4 jul. 2005.

_____. A estrutura do texto e a transferência da informação. *DataGrama-Zero* Revista de Ciência da Informação, v.6, n.3, jun. 2005. Disponível em: <http://www.dgz.org.br/jun05/F_I_art.htm>. Acesso em: 4 jul. 2005.

BOBBY APPROVED. *Bobby Approved*. Disponível em: <http://bobby.watchfire.com/bobby/html/en/index.jsp>. Acesso em: 5 mar. 2011.

BRASIL. Lei n. 10.436, de 24 de abril de 2002. Dispõe sobre a Língua Brasileira de Sinais – Libras e dá outras providências. *Diário Oficial*

[da] *República Federativa do Brasil*, Brasília, DF, n.79, p.23, 25 abr. 2002. Seção 1. Disponível em: <http://www.libras.org.br/leilibras. html>. Acesso em: 5 jul. 2008.

_____. Decreto-lei n. 5.296, de 2 de dezembro de 2004. Regulamenta as Leis n. 10.048, de 8 de novembro de 2000, que dá prioridade de atendimento às pessoas que especifica, e 10.098, de 19 de dezembro de 2000, que estabelece normas gerais e critérios básicos para a promoção da acessibilidade. *Diário Oficial [da] República Federativa do Brasil*, Brasília, DF, 3 dez. 2004a. Disponível em: <http://www.planalto.gov. br/ccivil_03/_Ato2004-2006/2004/Decreto/D5296.htm>. Acesso em: 17 maio 2008.

_____. Comitê Executivo do Governo Eletrônico. *Relatório de Planejamento Estratégico do Governo do Estado de São Paulo*. Brasília, DF, maio 2004b. Disponível em: <http://www.colombiadigital.net/informacion/docs/DireGbr_egov_p.pdf>. Acesso em: 1 jul. 2006.

_____. Departamento de Governo Eletrônico Cartilha Técnica. Governo Brasileiro na Internet. *e-MAG, Acessibilidade de Governo Eletrônico. Cartilha Técnica*. Documento de Referência, Brasília-DF, 14 dez. 2005a. Disponível em: <http://www.inclusaodigital.gov.br/.../ emag-acessibilidade-de-governo-eletronico-cartilha-tecnica-v20. pdf>. Acesso em: 10 nov. 2006.

_____. Departamento de Governo Eletrônico Modelo de Acessibilidade. Construção e Adaptação de Conteúdos do Governo Brasileiro na Internet. *e-MAG, Acessibilidade de Governo Eletrônico. Modelo de Acessibilidade em ambientes web*. Brasília, DF, 14 dez. 2005b. Disponível em: <http://www.inclusaodigital.gov.br/.../emag-acessibilidade-degoverno-eletronico-modelo-v20.pdf>. Acesso em: 15 fev. 2007.

_____. Departamento do Governo do Estão de São Paulo. *Manual de acessibilidade para ambientes web*. Brasília, DF, 2005c. Disponível em: <http://www.cqgp.sp.gov.br/manuais/acessibilidade/acessibilidade.htm>. Acesso em: 10 out. 2006.

_____. Decreto-lei n. 5.626, de 22 de dezembro de 2005. Regulamenta a Lei n. 10.436, de 24 de abril de 2002, que dispõe sobre a Língua Brasileira de Sinais – Libras, e o art. 18 da Lei n. 10.098, de 19 de dezembro de 2000. *Diário Oficial [da] República Federativa do Brasil*, Brasília, DF, 23 dez. 2005d. Disponível em: <http://www.planalto.gov.br/ccivil_03/_ Ato2004-2006/2005/Decreto/D5626.htm>. Acesso em: 17 ago. 2006.

_____. Decreto-lei n. 5.626, de 22 de dezembro de 2005. Regulamenta a Lei n. 10.436, de 24 de abril de 2002, que dispõe sobre a Língua Brasileira de Sinais – Libras, e o art. 18 da Lei n. 10.098, de 19 de dezembro de 2000. *Diário Oficial [da] República Federativa do Brasil*, Brasília, DF, 23 dez. 2005. Disponível em: <http://www.planalto.gov.br/ccivil_03/_Ato2004-2006/2005/Decreto/D5626.htm>. Acesso em: 17 ago. 2006.

_____. Ministério da Educação e Cultura. Secretaria de Educação Especial. Coordenação Geral de Planejamento. *Números da Educação Especial no Brasil*. Brasília, DF, jan. 2006. Disponível em: <portal.mec. gov.br/seesp/index.php?option=content&task=view&id=62&Ite mid=191>. Acesso em: 1 mar. 2006.

_____. Software Livre no Governo do Brasil. Presidência da República. *O que é software livre?* Brasília, DF, [s.d.]. Disponível em: <http://www. softwarelivre.gov.br/tire-suas-duvidas/o-que-e-software-livre/>. Acesso em: 18 jan. 2007c.

_____. Ministério do Planejamento, Orçamento e Gestão. *Portal do Governo Eletrônico do Brasil*. Brasília, DF, [s.d.] Disponível em: <www.governoeletronico.gov.br>. Acesso em: 4 jul. 2008.

_____. Portaria MEC 679, de 5 de junho de 2008. Institui o Comitê Executivo para planejar, monitorar a implementação dos exames e avaliar, até 10 de dezembro de cada ano, a realização do Programa Nacional de Certificação de Proficiência em Libras e de Proficiência em Tradução e Interpretação da Libras – ProLibras. Ministério da Educação. *Diário Oficial [da] República Federativa do Brasil*, Brasília, DF, 6 jun. 2008. Seção 1, p.25.

BRITO, L. F. A. A língua brasileira de sinais. In: INSTITUTO NACIONAL DE EDUCAÇÃO E INTEGRAÇÃO DE SURDOS. *Laranjeiras*, v.3, n.7. Coleção de Livros Digitalizados. Versão Eletrônica. Disponível em: <http://www.ines.org.br/ines_livros/FASC7_PRINCIPAL.HTM>. Acesso em: 10 nov. 2006.

_____. *Por uma gramática de língua de sinais*. Rio de Janeiro: UFRJ, 1995.

CAMARGO, L. S. A. *Arquitetura da Informação para biblioteca digital personalizável*. Marília, 2004. 145p. Dissertação (Mestrado em Ciência da Informação) – Faculdade de Filosofia e Ciências, Universidade Estadual Paulista.

CAMPOS, M. B. Escrita em Língua de Sinais na interação em redes. In: CONGRESSO IBERO-AMERICANO DE INFORMÁTICA NA EDUCAÇÃO ESPECIAL – CIEE 2002, 3, 2002. Fortaleza. *Anais...* Fortaleza, 2002.

_____. *Pacote Sign*: Signed, SignSim, SignHTML, SignTalk e SignMail. Grupo de Informática na Educação de Surdos – GIES. Disponível em: <http://gies.inf.pucrs.br/index.php?pg=creditos_m>. Acesso em: 21 nov. 2009.

CAPOVILLA, F, C.; RAPHAEL, W. D. *Dicionário enciclopédico ilustrado trilíngue da Língua de Sinais Brasileira.* São Paulo: Universidade de São Paulo; Imprensa Oficial do Estado, 2001.

CARROLL, L. *Alice no país das maravilhas.* Rio de Janeiro: Arara Azul, v.1, 2002. (Coleção Clássicos da Literatura em CD-ROM em Libras/ português)

COLLODI, C. *As aventuras de Pinóquio.* Rio de Janeiro: Arara Azul, v.3, 2002. (Coleção Clássicos da Literatura em CD-ROM em Libras/ português).

CORRADI, J. A. M. *Ambientes informacionais digitais e usuários Surdos:* questões de acessibilidade. Marília, 2007. 214f. Dissertação (Mestrado em Ciência da Informação) – Faculdade de Filosofia e Ciências, Universidade Estadual Paulista.

CVI – CAMPINAS: Centro de Vida Independente. Campinas. Disponível em: <http://www.cvicampinas.com.br/>. Acesso em: 10 jul. 2008.

DAVENPORT, T. H. *Ecologia da informação*: por que só a tecnologia não basta para o sucesso na era da informação. São Paulo: Futura, 2001.

DA SILVA. *O primeiro avaliador de acessibilidade em português para websites.* Disponível em: <http://www.dasilva.org.br/>. Acesso em: 5 mar. 2007.

DEAF.COM. You gateway to the Deaf Commynity. Rochester, NY: MSM Productions, [s.d.] Disponível em: <http://www.deaf.com/>. Acesso em: 19 jul. 2011.

DENARDI, R. M. et al. AGA-Sign: animador de gestos aplicado à língua de sinais. INFOCOMP: *Journal of computer science*, v.4, n.1, p.46-52, 2005. Disponível em: <http://www.dcc.ufla.br/infocomp/artigos/ v4.1/art06.pdf>. Acesso em: 11 out. 2006.

DIÁRIO DO SURDO. Ambiente digital para surdos. Disponível em: <http://www.diariodosurdo.com.br/>. Acesso em: 6 jan. 2007.

DIARIO SIGNO. Periódico de La Comunidad Sorda. [s.d.] Disponível em: <http://www.diariosigno.com/>. Acesso em: 3 abr. 2007.

DIAS, C. *Usabildade na web*: criando portais mais acessíveis. Rio de Janeiro: Alta Books, 2003.

DIAS, T. R. S.; PEDROSO, C. C. A. Com a palavra o Surdo: a sua comunicação na sala. In: SIGOLO, S. R. R. L.; MANZOLI, L. P. (Orgs.).

Educação especial face ao desenvolvimento e à inserção social. São Paulo: Cultura Acadêmica Editora, 2002.

DICIONÁRIO DA LÍNGUA BRASILEIRA DE SINAIS. *Acessibilidade Brasil.* Disponível em: < http://www.acessobrasil.org.br/libras/>. Acesso em: 20 jul. 2011.

DICIONÁRIO LIBRAS. *Dicionário on-line de divulgação em larga escala da língua de sinais Libras, desenvolvimento de material didático lúdico e a sua utilização.* Disponível em: <http://www.dicionariolibras.com.br/website/index.asp?novoserver1&start=1&endereco_site=www.dicionariolibras.com.br&par=&cupom=&email=>. Acesso em: 4 jul. 2011.

FAVALLI, P. *Meus primeiros sinais.* São Paulo: Panda Books, 2000.

FEDERAÇÃO MUNDIAL DE PERSONAS SURDAS. *XV Congresso Mundial.* World Deaf Congress. Disponível em: <http://wdfcongress.org/esp/version_texto.php>. Acesso em: 9 fev. 2006.

FENEIS. Federação Nacional de Educação e Integração de Surdos. Disponível em: <http://www.feneis.org.br/page/index.asp>. Acesso em: 14 jan. 2007.

_____. Federação Nacional de Educação e Integração de Surdos. Disponível em: <http://www.feneis.org.br/page/index.asp>. Acesso em: 2 mar. 2007.

_____. Federação Nacional de Educação e Integração de Surdos. Disponível em: <http://www.feneis.org.br/page/index.asp>. Acesso em: 23 jul. 2011.

FERNANDES, E.; CORREIA, C. M. de C. Bilinguismo e surdez: a evolução dos conceitos no domínio da linguagem. In: FERNANDES, E. (Org.). *Surdez e bilinguismo.* Porto Alegre: Mediação, 2005.

FERREIRA, S. B. L.; NUNES, R. R. *e-usabilidade.* Rio de Janeiro: LTC, 2008.

FREIRE, A. P.; CASTRO, M. de; FORTES, R. P. de M. Acessibilidade dos sítios web dos governos estaduais brasileiros: uma análise quantitativa entre 1996 e 2007. *Revista Administração Pública,* v.43, n.2, p.395-414, 2009.

FREIRE, F. M. P. Surdez e tecnologias de informação e comunicação. In: SILVA, I. R.; KAUCHARKJE, S.; GESUELI, Z. M. (Org.). *Cidadania, surdez e linguagem*: desafios e realidades. São Paulo: Plexus, 2003.

FUNDACIÓN BIBLIOTECA VIRTUAL MIGUEL DE CERVANTES. Biblioteca de Signos Miguel de Cervantes. Alicante, Espanha. Disponível em: <http://www.cervantesvirtual.com/seccion/signos/>. Acesso em: 19 jul. 2011.

FUSCO, E. *X-LIBRAS*: um ambiente virtual para a Língua Brasileira de Sinais. Marília, 2004. 156p. Dissertação (Mestrado em Computação) – Centro Eurípedes de Marília. Fundação de Ensino Eurípides Soares da Rocha.

GARCÊZ, R. L. O. Entre o silêncio e a visibilidade: o Orkut como espaço de luta por reconhecimento do movimento social dos Surdos. In: CONGRESSO ANUAL DA ASSOCIAÇÃO BRASILEIRA DE PESQUISADORES DE COMUNICAÇÃO E POLÍTICA, 1., Salvador. *Anais...* Salvador UFBA, 2006. Disponível em: <http://www.poscom.ufba.br/congresso/anais-grupo.htm>. Acesso em: 29 jan. 2007.

GÓES, M. C. R. de. *Linguagem, surdez e educação*. Campinas: Editores Associados, 1996.

HESSEL, C.; ROSA, F.; KARNOPP, L. *Cinderela surda*. Canoas: Ulbra, 2003.

IBGE. *Censo Demográfico 2000* – Tabulação Avançada. População residente, por situação do domicílio e sexo, segundo o tipo de deficiência. Disponível em: <http://www.ibge.gov.br/home/estatistica/populacao/censo2000/tabulacao_avancada/tabela_brasil_1.1.3.shtm>. Acesso em: 5 jul. 2005.

ICOMMUNICATOR. Communicate, Edute, Rehabilitate.Canadá. Disponível em: <http://icommunicator.com>. Acesso em: 9 mar. 2010.

INES. Instituto Nacional de Educação e Integração de Surdos. Ministério da Educação. Rio de Janeiro. Disponível em: <http://www.ines.gov.br/Paginas/mapa.html>. Acesso em: 12 jul. 2011.

KARNOPP, L. Literatura surda. *Educação temática digital*, Campinas, v.7, n.2, p.98-109, jun. 2006. Disponível em: <http://www.fae.unicamp.br/revista/index.php/etd/article/view/1633/1481>. Acesso em: 3 mar. 2011.

KELMAN, C. A. Multiculturalismo e surdez: uma questão de respeito às culturas minoritárias. In: FERNANDES, E. (Org.). *Surdez e bilinguismo*. Porto Alegre: Mediação, 2005.

KLEIN, M.; LUNARDI. M. L. Surdez: um território de fronteiras. *ETD – Educação Temática Digital*, Campinas, v.7, n.2, p.14-23, jun. 2006. Disponível em: <http://143.106.58.55/revista/<b>. Acesso em: 30 nov. 2006.

KURAMOTO, H. Ferramentas de software para bibliotecas digitais. In: MARCONDES, C. H. et al. (Orgs.). *Bibliotecas digitais*: saberes e práticas. Salvador, BA: EDUFBA, Brasília: IBICT, 2005.

LABORIT, E. *O voo da gaivota*. São Paulo: Círculo do Livro, 1994.

LARA FILHO, D. de. O fio de Ariadne e a arquitetura da informação na www. *DataGramaZero* Revista de Ciência da Informação, v.4, n.6, dez. 2003. Disponível em: <http://www.dgz.org.br>. Acesso em 18 abr. 2004.

LAZARTE, L. Ecologia cognitiva na sociedade da informação. *Ciência da Informação*, v.29, n.2, p.43-51, ago 2000.

LE COADIC, Y. *A ciência da informação*. Brasília-DF: Briquet de Lemos, 1996.

LÉVY, P. *As tecnologias da inteligência*: o futuro do pensamento na era da informática. Rio de Janeiro: 34, 1993.

_____. *O que é virtual?* São Paulo: 34, 1996.

_____. *A inteligência coletiva*: por uma antropologia do ciberespaço. São Paulo: Loyola, 1998.

_____. *Cibercultura*. São Paulo: 34, 1999.

LULKIN, S. A. *O silêncio disciplinado*: a invenção dos Surdos a partir de representações ouvintes. Porto Alegre, 2000. Dissertação (Mestrado em Educação) – Faculdade de Educação, Universidade Federal do Rio Grande do Sul.

MACEDO, D. R. de. *Sign Dic*: um ambiente multimídia para criação e consulta de dicionários bilíngues de Línguas de Sinais e Línguas Orais. Porto Alegre, 1999. Dissertação (Mestrado em Informática) – Faculdade de Informática. Programa de Pós-Graduação em Ciência da Computação. Pontifícia Universidade Católica do Rio Grande do Sul.

MACHADO, et al. *Modelo de segurança da informação*. Brasília-DF, 2000. Disponível em: <http://www.redegoverno.gov.br/eventos/arquivos/Mod_Seg_Inf.pdf>. Acesso em: 6 nov. 2006.

MACHADO, P. C. *A política educacional de integração/inclusão*: um olhar sobre o egresso surdo. Florianópolis: UFSC, 2008.

MACLAUGHLIN, D.; NEIDLE, C.; GREENFIELD, D. *SignStream User's Guide*. 2000. Disponível em: <http://www.bu.edu/asllrp/>. Acesso em: 11 fev. 2007.

MARCHESI, A. Comunicação, linguagem e pensamento das crianças surdas. In: COLL, C.; PALACIOS, J.; MARCHESI, A. (Org.). *Desenvolvimento psicológico e educação*: necessidades educativas especiais e aprendizagem escolar. Porto Alegre: Artes Médicas, 1995, v.3, p.200-14.

MARCHIORI, P. Z. A ciência e a gestão da informação no esforço profissional. *Ciência da Informação*, São Paulo, v.31, n.2, p.72-9, maio/ago. 2002.

MESSIAS, L. C. da S. M. *Informação*: um estudo exploratório do seu conceito em periódicos científicos brasileiros da área de Ciência da Informação. Marília, 2005. Dissertação (Mestrado em Ciência da Informação) – Faculdade de Filosofia e Ciências, Universidade Estadual Paulista.

MOORE. M. S. *Making the World a Better*: Place for the Next Deaf Generation and for Deaf People Now. Disponível em: <http://www.deaf.com/note_from_president/>. Acesso em: 12 fev. 2007.

MORAES, S. H. M. H.; BELLUZZO, R. C. B. Informação, conhecimento & gestão de projetos: da sistematização de princípios à aplicação em ambientes acadêmicos para captação de recursos à pesquisa. In: VIDOTTI, S. A. B. G. (Coord.). *Tecnologia e conteúdos informacionais*: abordagens teóricas e práticas. São Paulo: Polis, 2004.

MORIN, E. A comunicação pelo meio (teoria complexa da comunicação). In: MARTINS, F. M.; SILVA, J. M. da (Orgs.). *A genealogia do virtual*: comunicação, cultura e tecnologia do imaginário. Porto Alegre: Sulina, 2004.

MORVILLE, P.; ROSENFELD, L. *Information Architecture for the World Wide Web*. 3.ed. Sebastopol, CA: O'Reilly, 2006.

NEIDLE, C. *SignStream™ Annotation*: Conventions Used for the American Sign Language Linguistic Research Project. 2002. Disponível em: <http://www.bu.edu/asllrp/>. Acesso em: 17 mar. 2007.

NEPES. Núcleo de Estudos e Pesquisas em Educação de Surdos. Disponível em: <http://www.sj.cefetsc.edu.br/~nepes/>. Acesso em: 18 jul. 2011.

NETO, J. C. M; ROLLEMBERG, R. S. *Tecnologias assistivas e a promoção da inclusão social*. Ministério da Ciência e Tecnologia, Brasília, DF, 21 mar. 2005. Disponível em: <http://www.ciape.org.br/artigos/artigo_tecnologia_assistiva_joao_carlos.pdf>. Acesso em: 3 ago. 2006.

NIELSEN, J. *Usabilty Engineering*. Morgan Kaufmann, Inc. San Francisco, 1993.

_____. *Projetando websites*. Rio de Janeiro: Campus, 2000.

_____. *Homepage*: 50 websites desconstruídos. Rio de Janeiro: Campus, 2002.

NIELSEN. J.; LORANGER, N. *Usabilidade na web*: projetando websites com qualidade. Rio de Janeiro: Elsevier, 2007.

OLIVEIRA, E. T. G. de. *Acessibilidade na Universidade Estadual de Londrina*: o ponto de vista do estudante com deficiência. Marília, 2003. Dissertação (Mestrado em Educação) – Faculdade de Filosofia e Ciências. Universidade Estadual Paulista.

PARANÁ. Secretaria do Estado da Educação. Superintendência de Educação. Departamento de Educação Especial. *Aspectos linguísticos da língua brasileira de sinais*. Curitiba, 1998.

PARMANTO, B.; ZENG, X. Metric for Web Accessibility Evaluation. *Journal of the American Society for Information Science and Technology*, v.56, n.13, p.1394-404, 2005.

PERLIN, G. Identidades Surdas. In: SKLIAR, C. (Org.) *A Surdez*: um olhar sobre as diferenças. Porto Alegre: Mediação, 1998.

_____. Identidade surda e currículo. In: LACERDA, C. B. F. de; GÓES, M. C. R. de. *Surdez*: processos educativos e subjetividade. São Paulo: Lovise, 2000.

PORTAL NACIONAL DE TECNOLOGIA ASSISTIVA. *Um espaço de informação e troca de conhecimento sobre Tecnologia Assistiva*. Disponível em: <http://www.assistiva.org.br/>. Acesso em: 24 jul. 2011.

PRIMEIRO SITE BRASILEIRO EM LIBRAS. Quebrando as barreiras de comunicação. Disponível em: <http://www.ok.pro.br/>. Acesso em: 20 mar. 2007.

QUADROS, R. M. *Educação de Surdos*: a aquisição da linguagem. Porto Alegre: Artes Médicas, 1997.

QUADROS, R. M.; KARNOPP, L. B. *Língua de Sinais Brasileira*: estudos linguísticos. Porto Alegre: Artmed, 2004.

_____. *Um capítulo da história do SignWriting*. Disponível em: <http://www.signwriting.org/archive/docs1/sw0065-BR-Historia-SW.pdf>. Acesso em: 5 set. 2005a.

_____. O "bi" linguismo na educação de Surdos. In: FERNANDES, E. (Org.). *Surdez e bilinguismo*. Porto Alegre: Mediação, 2005b.

RANGEL, G.; STUMPF, M. R. A pedagogia da diferença para o Surdo. In: LODI, A. C. B.; HARRISON, K. M. P.; CAMPOS, S. R. L. de (Orgs.). *Leitura e escrita*: no contexto da diversidade. Porto Alegre: Mediação, 2004.

ROBREDO, J. *Da ciência da informação revisitada aos sistemas humanos de informação*. Brasília-DF: Thesaurus, 2003.

ROSA, A. da S. *Entre a visibilidade da tradução da língua de sinais e a (in) visibilidade da tarefa do intérprete*. Rio de Janeiro: Editora Arara-Azul, 2008. Disponível em: <http://www.editora-arara-azul.com.br/pdf/livro5.pdf>. Acesso em: 7 jan. 2010.

ROSENFELD, L; MORVILLE, P. *Information Architecture for the World Wide Web*. 1.ed. Sebastopol, CA: O'Reilly, 1998.

ROWLEY, J. *A biblioteca eletrônica*. Brasília-DF: Briquet de Lemos. 2002.

RYBENÁ. Soluções Rybená em acessibilidade. Disponível em: <http://www.rybena.com.br/rybena/com/default/index.jsp>. Acesso em: 2 abr. 2007.

RYBENÁ. Rybená. Disponível em: <http://www.rybena.org.br/default/index.jsp>. Acesso em: 22 jul. 2011.

SÁ, N. L. de. Existe uma cultura surda? In: SÁ, N. L. de. *Cultura, poder e educação de surdos*. São Paulo: Paulinas, 2006. Versão Eletrônica. Disponível em: <http://www.eusurdo.ufba.br/arquivos/cultura_surda. doc>. Acesso em: 16 mar. 2007.

SACKS, O. W. *Vendo vozes*: uma viagem ao mundo dos Surdos. São Paulo: Companhia das Letras, 1998.

SANT'ANA, R. C. G.; SANTOS, P. L. V. A. da C. Transferência da informação de fatores para identificação do valor de unidades de conhecimento registrado. In: VIDOTTI, S. A. B. G. (Coord.). *Tecnologias e conteúdos informacionais*: abordagens teóricas e práticas. São Paulo: Polis, 2004.

SÃO PAULO (Estado). Dicionário Libras ilustrado. Programa acessa São Paulo de inclusão digital. São Paulo. CD-ROM. [2005?].

_____. Portal do Governo do Estado de São Paulo. Programa acessa São Paulo de inclusão digital. Libras: Língua Brasileira de Sinais. São Paulo. Disponível em: <http://www.acessasp.sp.gov.br/html/modules/xt_conteudo/index.php?id=8>. Acesso em: 7 jul. 2005.

SARACEVIC, T. Interdisciplinarity nature of Information Science. *Ciência da Informação*, Brasília-DF, v.24, n.1, p.36-41, 1995.

_____. Ciência da Informação: origem, evolução e relações. *Perspectiva em Ciência da Informação*, Belo Horizonte, v.1, n.1, p.41-62, jan./jun. 1996.

SARMENTO E SOUZA, M. F. *Periódicos científicos eletrônicos*: apresentação de modelo para análise de estrutura. Marília, 2002. 154p. Dissertação (Mestrado em Ciência da Informação) – Faculdade de Filosofia e Ciências, Universidade Estadual Paulista.

SASSAKI, R. K. *Inclusão*: construindo uma sociedade para todos. Rio de Janeiro: WVA, 1997.

SIGN COMMUNITY. British Deaf Association. Disponível em: <http://www.sign.ac2.com/>. Acesso em: 22 jul. 2011.

SIGNSTREAM. American Sign Language Linguistic Research Project. Boston University. National Science Foundation. Disponível em: <http://www.bu.edu/asllrp/SignStream/>. Acesso em: 17 mar. 2007.

SILVA, A. C. A representação social da surdez entre o mundo acadêmico e o cotidiano escolar. In: FERNANDES, E. (Org.). *Surdez e bilinguismo*. Porto Alegre: Mediação, 2005.

SILVA, J. F. M. da. O impacto tecnológico no exercício profissional em Ciência da Informação: o bibliotecário. In: VALENTIM, M. L. P. (Org.). *Atuação profissional na área da informação*. São Paulo: Polis, 2004.

SILVA, O. R. da; RODRIGUES, M. C. O processo de aprendizagem na educação a distância corporativa. In: GUEVARA, A. J. de H.; ROSINI, A. M. (Org.). *Tecnologias emergentes*: organizações e educação. São Paulo: Cengage Learning, 2008. p.297-312.

SILVA, R. A.; SANTOS, R. N. M; RODRIGUES, R. S. Estudo bibliométrico na base LISA: um enfoque nos artigos sobre os surdos. *Em Questão (UFRGS)*, Porto Alegre, v.17, n.1, p.283-98, jan.-jun. 2011. Disponível em:<http://seer.ufrgs.br/EmQuestao/article/view/17708>. Acesso em: 30 set. 2011.

SKLIAR, C. (Org.) *A Surdez*: um olhar sobre as diferenças. Porto Alegre: Mediação, 1998.

_____. Perspectivas políticas e pedagógicas da educação bilíngue para Surdos. In: SILVA, S.; VIZIM, M. (Orgs.). *Educação especial*: múltiplas leituras e diferentes significados. Campinas: Mercado das Letras: Associação da Leitura do Brasil, 2001.

SLOAN, D. et. al. Contextual Web Accessibility – Maximizing the Benefit of Accessibility Guidelines. In: ACM INTERNATIONAL CONFERENCE PROCEEDING SERIES. Proceedings of the 2006 international cross-disciplinary workshop on Web accessibility (W4A): Building the mobile web: rediscovering accessibility? Session: Practice related. Edinburgh, U.K., 2006. *Anais...* Edinburgh, U.K., 2006, p.121-31. Disponível em: <http://portal.acm.org/ft_gateway.cfm?id=1133242&type=pdf&coll=Portal&dl=GUIDE&CFID=619 23601&CFTOKEN=39897539>. Acesso em: 01 abr. 2008.

SONZA, A. P.; LOUREIRO, C.; SANTAROSA, L. Surdos e cegos: comunicação mediada pela tecnologia. In: CONGRESSO IBEROAMERICANO DE INFORMÁTICA NA EDUCAÇÃO ESPECIAL, 4, 2003. Madri. *Anais...* Madri, Espanha, 2003.

SOUZA, V. C. de; PINTO, S. C. C. da S. Sign WebMessage: um ambiente para comunicação via web baseado na escrita de Libras. In: CONGRESSO IBERO-AMERICANO DE INFORMÁTICA NA EDUCAÇÃO ESPECIAL – CIIEE, 3, 2002. Fortaleza. *Anais...* Fortaleza, 2002.

STRAIOTO, F. *A Arquitetura da Informação para a World Wide Web*: um estudo exploratório. Marília, 2002. Dissertação (Mestrado em Ciência da Informação) – Faculdade de Filosofia e Ciências, Universidade Estadual Paulista.

SUAIDEN, E. J. Inclusão Social. *Revista Inclusão Social*, Brasília-DF, v.1, n.1, p.5, out./mar. 2005. Disponível em: <http://www.ibict.br/revistainclusaosocial/>. Acesso em: 3 mai 2006.

SURDO.COM. Ambiente web para surdos. Disponível em: <http://www.surdo.com.br/home/default.asp>. Acesso em: 2 fev. 2007.

SURDOSOL. *Surdos on-line*. Disponível em: <http://www.surdosol.com.br/>. Acesso em: 29 jul. 2008.

_____. *Surdos on-line – a rede social*. Disponível em: <http://www.surdosol.com.br/>. Acesso em: 23 jul. 2011.

SUTTON, V. *SignWriting*. USA: The DAC, Deaf Action Committee for SignWriting. Disponível em: <http://www.signwriting.org>. Acesso em: 15 jun. 2006.

_____. *Lessons in SignWriting*. Tradução parcial e adaptação do inglês/ASL para português Libras por Marianne Rossi Stumpf. Porto Alegre – RS: Grupo de Informática na Educação Surda. La Jolla, CA: The Deaf Action Committee for SingWritting, 1998. Disponível em: <sign-net.ucpel.tche.br/licoes-sw/licoes-sw.pdf.> Acesso em: 19 nov. 2006.

TAKAHASHI, T. (Org.). *Sociedade da informação no Brasil*: livro verde. Brasília-DF: Ministério da Ciência e Tecnologia, Governo Federal, 2000.

TORCHELSEN, R. P. et al. Editor para Línguas de Sinais em SignWriting. In: SIMPÓSIO SOBRE FATORES HUMANOS EM SISTEMAS COMPUTACIONAIS, 5, 2002, Fortaleza: SBC. *Anais...* Fortaleza: SBC, 2002. Disponível em: <ppginf.ucpel.tche.br/gracaliz/arquivos-download/Papers/2002/paper2002_14.pdf>. Acesso em: 10 out. 2006.

TORRES, E. F.; MAZZONI, A. A; ALVES, J. B. M. A acessibilidade à informação no espaço digital. *Ciência da Informação*, Brasília-DF, v.31, n.3, p.83-91, 2002.

_____; _____. Conteúdos digitais multimídia: o foco na usabilidade e acessibilidade. *Ciência da Informação*, Brasília-DF, v.33, n.2, p.152-60, 2004.

UNIVERSIDADE DE SÃO PAULO. BibVirt: Biblioteca Virtual do Estudante de Língua Portuguesa. Escola do futuro da USP. São Paulo.

Disponível em: <http://www.bibvirt.futuro.usp.br>. Acesso em: 5 abr. 2007.

UNIVERSIDADE FEDERAL DE SANTA CATARINA. Ministério da Educação. Santa Catarina. *EAD Letras-Libras.* Disponível em: <http://www.libras.ufsc.br/hiperlab/avalibras/moodle/prelogin/index.htm>. Acesso em: 18 jul. 2011.

VALENTIM, M. L. P. (Org.) *Métodos qualitativos de pesquisa em Ciência da Informação.* São Paulo: Polis, 2005.

VEZ DA VOZ. Interagindo com as diferenças. *TeleLibras.* Campinas. Disponível em: <http://www.vezdavoz.com.br/site/telelibras.php>. Acesso em: 22 jul 2011.

VIDOTTI, S. A. B. G. *O ambiente hipermídia no processo ensino-aprendizagem.* Marília, 2001. Tese (Doutorado em Educação) – Faculdade de Filosofia e Ciências, Universidade Estadual Paulista.

VIDOTTI, S. A. B. G ; CUSIN, C. A.; CORRADI, J. A. M. Acessibilidade Digital sob o prisma da Arquitetura da Informação. In: GUIMARÃES, J. A. C.; FUJITA, M. S. L. (Org.). *Ensino e pesquisa em Biblioteconomia no Brasil:* a emergência de um novo olhar. São Paulo: Editora Unesp, 2008, p.173-84.

_____; VIEIRA, T. A. M. O ambiente hipermídia no processo de construção do conhecimento. In: _____. (Coord.). *Tecnologia e conteúdos informacionais:* abordagens teóricas e práticas. São Paulo: Polis, 2004.

_____; SANT'ANA, R. G. Infraestrutura tecnológica de uma biblioteca digital: elementos básicos. In: MARCONDES, C. H. et al. (Orgs.). *Bibliotecas digitais:* saberes e práticas. Salvador-BA: Edufba; Brasília-DF: Ibict, 2005.

W3C: WORLD WIDE WEB CONSORTIUM. *Web Content Accessibility Guidelines 1.0.* W3C Recommendation, Madison, 5 maio. 1999. Disponível em: <http://www.w3.org/TR/WCAG10>. Acesso em: 1 jul. 2006.

_____. *Introduction to Web Accessibility,* W3C Recommendation, Madison, 2005a. Disponível em: <http://www.w3.org/WAI/intro/accessibility.php>. Acesso em: 5 jul. 2006.

_____. *User Agent Accessibility Guidelines (UAAG) Overview,* Madison, 2005b. Disponível em: < http://www.w3.org/WAI/gettingstarted/Overview.html>. Acesso em: 5 jul. 2006.

_____. *WAI Resources on Introduction Web Accessibility,* Madison, set. 2005c. Disponível em: <http://www.w3.org/WAI/gettingstarted/Overview.html>. Acesso em: 5 jul. 2006.

_____. *Web Content Accessibility Guidelines (WCAG) Overview*. Madison, 2005d. Disponível em: <http://www.w3.org/WAI/gettingstarted/Overview.html>. Acesso em: 5 jul. 2006.

_____. *Essencial Components of Web Accessibility*, Madison, 2006a. Disponível em: <http://www.w3.org/WAI/intro/components.php>. Acesso em: 5 jul. 2006.

_____. *Web Content Accessibility Guidelines 2.0*. W3C Working Draft, Madison, 27 abr. 2006b. Disponível em: < http://www.w3.org/TR/WCAG20>. Acesso em: 3 maio. 2006.

_____. *Authoring Tool Accessibility Guidelines* (ATAG) Overview, Madison, 2007a. Disponível em: <http://www.w3.org/WAI/gettingstarted/Overview.html>. Acesso em: 29 abr. 2007.

_____. *The W3C Markup Validation Service*. Madison, 2007b. Disponível em: <http://validator.w3.org/>. Acesso em: 10 maio 2007.

WEB SOURD. *Web Sourd*. Disponível em: <http://www.websourd.org/>. Acesso em: 24 jul. 2011.

WOLFRAM, D. Applications of Informetrics to Information Retrieval Research. *Informing Science* – The International Journal of an Emerging Discipline, v.3, n.2, p.77-82, 2000. Disponível em: <http://inform.nu/Articles/Vol3/v3n2p77-82.pdf>. Acesso em: 7 nov. 2006.

WURMAN, R. S. *Ansiedade de Informação*: como transformar informação em compreensão. São Paulo: Cultura Editores Associados, 1991.

Apêndices

Ambientes digitais acessíveis a usuários surdos: acessibilidade digital

O ambiente web da internet tem motivado pesquisas relacionadas ao desenvolvimento de interfaces acessíveis voltadas para usuários mais exigentes e interativos.

Esta pesquisa está investigando como as pessoas surdas estão inseridas no ambiente web da internet. Por isso, queremos *traçar o perfil do usuário surdo, que se comunica por meio da Língua Brasileira de Sinais (Libras), preferencialmente.* Sobretudo, queremos saber sua *opinião quanto à acessibilidade em ambientes informacionais digitais.* Sua participação irá contribuir para a melhoria nas condições de uso em ambientes informacionais digitais para usuários surdos, em especial.

O questionário está dividido em duas partes:

1) Dados pessoais; e
2) Acessibilidade ao conteúdo digital.

Não há respostas certas ou erradas para o questionário. Por isso você deverá marcar cada alternativa com X no que mais se relaciona com sua experiência relacionada à interação com ambientes informacionais digitais.

Suas respostas são confidenciais e serão analisadas junto com outras respostas no delineamento do perfil dos participantes. É muito importante que você responda a todas as questões.

JULIANE ADNE MESA CORRADI – *Pesquisadora*
SILVANA A. B. G. VIDOTTI – *Orientadora*
Programa de Pós-Graduação em Ciência da Informação
Universidade Estadual Paulista/Faculdade de Filosofia
e Ciências, Campus de Marília (SP)

Dados pessoais

Para conhecê-lo(a) melhor precisamos de algumas informações pessoais, que serão mantidas em sigilo e analisadas em grupo com vários outros questionários.

1. Sexo:

   ( ) Masculino   ( ) Feminino

2. Complete a sua idade: [_____] anos

3. Faça um X no seu estado civil:

   ( ) Solteiro   ( ) Viúvo
   ( ) Casado   ( ) Divorciado ou separado

4. Marque com X o quanto você já estudou:

   ( ) Fez supletivo   ( ) Ensino fundamental incompleto
   ( ) Ensino fundamental completo   ( ) Ensino médio incompleto
   ( ) Ensino médio completo   ( ) Ensino superior incompleto
   ( ) Ensino superior completo   ( ) Pós-graduação incompleto
   ( ) Pós-graduação completo

5. Você continua estudando?

   ( ) Sim   ( ) Não

6. Curso: _____

7. Profissão: _____

8. Marque com X as informações sobre sua surdez:

8.1. Qual o nível de sua surdez?

( ) Leve   ( ) Moderada

( ) Severa   ( ) Profunda

8.2. Quando você perdeu a audição?

Perdeu a audição com [_____] dias de vida

Perdeu a audição com [_____] meses de vida

Perdeu a audição com [_____] anos de vida

Perdeu a audição com [_____] anos e [_____] meses de vida

8.3. Em sua família há outras pessoas surdas, exceto você?

( ) Sim   ( ) Não

Indique o grau de parentesco: _____

8.4. Como prefere se comunicar?

( ) Somente pela Libras

( ) Somente pela verbalização/oralização e leitura labial

( ) Pela verbalização/oralização/leitura labial e pela Libras

( ) Pela Libras e pela língua portuguesa

8.5. Você conhece algum idioma estrangeiro?

( ) Sim   ( ) Não

Caso a resposta seja afirmativa, indique abaixo qual é esse idioma.

_____

9. Marque com X: Qual a renda mensal de sua família?
(Considere somente os que moram na mesma casa que você.)

( ) menos que R$ 400,00   ( ) entre R$ 1.301,00 e R$ 1.600,00

( ) entre R$ 400,00 e R$ 700,00   ( ) entre R$ 1.601,00 e R$ 1.900,00

( ) entre R$ 701,00 e R$ 1.000,00   ( ) entre R$ 1.901,00 e R$ 2.200,00

( ) entre R$ 1.001,00 e R$ 1.300,00   ( ) acima de R$ 2.200,00

9.1. Profissão do pai: _____

9.2. Profissão da mãe: _____

10. Uso da internet.

   10.1. Qual sua experiência com a internet?

     ( ) Até 6 meses   ( ) De 6 meses a 1 ano   ( ) Mais de 1 ano

   10.2. Onde acessa a internet?

     ( ) Em casa   ( ) No trabalho

     ( ) Na escola/faculdade   ( ) No curso de informática

     ( ) Na casa de amigos   ( ) Cibercafé ou lan house

     ( ) Telecentro   ( ) Outros _____

   10.3. Quanto tempo você fica na internet? (horas/semana)

     ( ) Até cinco horas na semana   ( ) De cinco a dez horas na semana

     ( ) Mais de dez horas na semana

   10.4. Com que frequência você acessa a internet?

     ( ) Diariamente   ( ) Cinco vezes por semana

     ( ) Uma vez por semana   ( ) Seis vezes por semana

     ( ) Duas vezes por semana   ( ) Só nos finais de semana

     ( ) Três vezes por semana   ( ) Algumas vezes

     ( ) Quatro vezes por semana   ( ) Raramente

   10.5. Qual ambiente digital você utiliza?

     ( ) Endereço eletrônico (e-mail)   ( ) Skype, Messenger, Chat

     ( ) Orkut, Gazzag e outros   ( ) Sites de surdos

     ( ) Listas de discussão   ( ) Sites de escolas/faculdades

     ( ) Sites estrangeiros   ( ) Sites de bibliotecas digitais

     ( ) Sites de revistas   ( ) Sites comerciais

     ( ) Sites de jornais   ( ) CamFrog

     ( ) Outros _____

   10.6. Quais informações você busca em websites?
       (Assinale mais de um item, se necessário.)

     ( ) Educação   ( ) Trabalho   ( ) Relacionamento

     ( ) Tecnologia   ( ) Atualidade   ( ) Música

     ( ) Cinema   ( ) Esporte   ( ) Sexo

( ) Lazer   ( ) Saúde   ( ) Surdez

( ) Moda   ( ) Cultura   ( ) Arte

( ) Teatro   ( ) Novidades   ( ) História

( ) Outros _____

11. Você conhece o Player Rybená?

( ) Sim   ( ) Não

11.1. Você usa o Player Rybená para acessar os contéudos web?

( ) Sim   ( ) Não

12. Cite alguns websites que você costuma visitar.
Inclua aqui os websites relacionados aos surdos e à surdez.

_____

_____

Acessibilidade digital

Para melhorar a qualidade dos ambientes informacionais digitais para ampla variedade de usuários, inclusive os surdos, precisamos de sua opinião sobre os elementos de acessibilidade que julgue fundamentais na composição desses ambientes.

O questionário abaixo envolve questões específicas sobre sua interação com a interface e o conteúdo web da internet. As respostas assinaladas visam verificar a importância de determinados elementos na construção de ambientes informacionais digitais que atendam às necessidades dos usuários.

A *Questão 15* refere-se a sua livre sugestão para construção de um site acessível a usuários surdos. Indique quais elementos (Língua de Sinais, vídeos, SignWriting, texto em português escrito, tipos de informação) ele deve possuir e como você gostaria que fosse um site que atendesse às necessidades de usuários surdos, em especial.

Caso encontre alguma dúvida no preenchimento do questionário, solicite auxílio da pesquisadora. Se julgar necessário, peça a interpretação em Língua Brasileira de Sinais – Libras.

É muito importante que você responda a todas as questões.

13. Marque CADA FRASE com um X no número que indica a relevância (importância) dos elementos descritos para o acesso de usuários surdos ao ambiente web.

	TOTALMENTE IRRELEVANTE	IRRELEVANTE	INDIFERENTE	RELEVANTE	TOTALMENTE RELEVANTE
Apresentação do conteúdo de imagens, fotografias e sons disponíveis também em formato de texto escrito em português.	1	2	3	4	5
Apresentação de conteúdos em textos escritos em português disponíveis também por meio de vídeos dinâmicos em Libras.	1	2	3	4	5
Vídeos em Libras com legendas em português.	1	2	3	4	5
Apresentação de conteúdos digitais em diferentes formatos (texto, imagem, vídeo e som) e em hipermídia.	1	2	3	4	5
Diferenciação de cores entre os conteúdos ou links já consultados.	1	2	3	4	5
Alternativas de mudanças de cor, tamanho da fonte, tamanho da tela na web, som.	1	2	3	4	5
Presença de legendas (*closed caption*) em português escrito para vídeos.	1	2	3	4	5
Presença da língua de sinais/Libras em ambientes digitais.	1	2	3	4	5
Presença do SignWriting em ambientes digitais.	1	2	3	4	5
Controle do usuário sobre as apresentações das informações (voltar, adiantar, parar, começar).	1	2	3	4	5
Mecanismos de ajuda ao usuário para auxiliar em suas dificuldades de navegação e fornecer respostas a suas dúvidas por meio digital (e-mail).	1	2	3	4	5
Disponibilizar dicionários digitais em Libras para consulta pelo usuário.	1	2	3	4	5
Disponibilizar o Player Rybená para acessar conteúdos digital.	1	2	3	4	5

14. Marque CADA FRASE com um X no que indica a frequência de apresentação de contéudos informacionais sobre a comunidade, cultura e identidade surda disponíveis em websites que você costuma acessar.

	NUNCA	RARAMENTE	ÀS VEZES	MUITAS VEZES	SEMPRE
Relato de pais ouvintes com filhos surdos.	1	2	3	4	5
Relato de pais surdos com filhos surdos.	1	2	3	4	5
Apresentação de conteúdos textuais, escritos e falados, com interpretação em Libras.	1	2	3	4	5
Informações em vídeo com legenda de texto.	1	2	3	4	5
Informações sobre a cultura surda (piadas, histórias, contos, poesias).	1	2	3	4	5
Informações sobre produtos para facilitar a vida do surdo (babá eletrônica, campanhia, celular, entre outros).	1	2	3	4	5
Informações sobre o SignWriting: como surgiu, qual sua função.	1	2	3	4	5
Literatura para surdos (SignWriting ou interpretação em Libras).	1	2	3	4	5
Informação sobre educação, lazer e saúde para surdos.	1	2	3	4	5
Rede de surdos conectados à internet.	1	2	3	4	5
Profissionais surdos bem-sucedidos e surdos famosos da história.	1	2	3	4	5
Mercado de trabalho para os surdos.	1	2	3	4	5
Informações históricas sobre a língua de sinais e sua importância.	1	2	3	4	5
Perspectivas de ensino para surdos: oralismo, comunicação total e bilinguismo.	1	2	3	4	5
Tecnologias criadas para facilitar o acesso do surdo no ambiente digital.	1	2	3	4	5
Websites relacionados à surdez apresentam conteúdo relevante para usuários surdos.	1	2	3	4	5
Encontram-se com facilidade informações sobre a comunidade, cultura e identidade surda disponíveis em websites relacionados à surdez.	1	2	3	4	5

15. Comente o que você acha que contribuiria para tornar um site acessível também para surdos.

_____

_____

_____

_____

_____

16. Deixe aqui suas sugestões e comentários sobre este questionário.

_____

_____

_____

_____

_____

Obrigada por sua participação!

JULIANE ADNE MESA CORRADI
Pesquisadora

SILVANA A. B. G. VIDOTTI
Orientadora

Programa de Pós-Graduação em Ciência da Informação
Departamento de Ciência da Informação
Universidade Estadual Paulista
Faculdade de Filosofia e Ciências
Campus de Marília-SP

Dúvidas e comentários podem ser enviados para:
Endereço postal: Unesp – Universidade Estadual Paulista
Programa de Pós-Graduação em Ciência da Informação
Av. Hygino Muzzi Filho, 737 – *Campus* Universitário
CEP 17.525-900, Marília-SP
A/C Juliane Adne Mesa Corradi
Endereço eletrônico: julianeci@marilia.unesp.br

Ambientes digitais acessíveis a usuários surdos: usabilidade digital

Sua colaboração no preenchimento do questionário sobre acessibilidade digital contribuiu muito com nossa pesquisa. Agora você participará preenchendo o formulário sobre usabilidade.

Para aprofundar nosso trabalho quanto às percepções em relação aos ambientes informacionais digitais, estamos desenvolvendo esta pesquisa sobre a *usabilidade em ambientes informacionais digitais por usuários surdos que se comunicam, preferencialmente, por meio da Língua Brasileira de Sinais – Libras.*

Não há respostas certas ou erradas para este formulário. Por isso você deverá marcar cada alternativa com X no que mais se relaciona com sua experiência no uso da internet quanto ao acesso a sites relacionados aos surdos e à surdez.

Suas respostas são confidenciais e serão analisadas junto com outras respostas. As opiniões quanto a acessiblidade e a usabilidade em ambientes web visam contribuir para melhorias nas condições de acesso e uso por usuários surdos, em especial, em ambiências digitais inclusivas.

É muito importante que você responda a todas as questões.

JULIANE ADNE MESA CORRADI – *Pesquisadora*
SILVANA A. B. G. VIDOTTI – *Orientadora*
Programa de Pós-Graduação em Ciência da Informação
Universidade Estadual Paulista/Faculdade de Filosofia e Ciências
Campus de Marília (SP)

Usabilidade digital

Com a finalidade de melhorar a qualidade de ambientes digitais para usuários surdos, em especial, precisamos de sua opinião sobre a usabilidade digital. Suas percepções envolverão determinados aspectos relacionados à satisfação de uso durante a interação com sistemas informacionais específicos.

O questionário a seguir envolve questões específicas sobre sua interação com a interface e conteúdo web da internet. As respostas assinaladas visam verificar sua experiência, percepção e satisfação quanto ao conteúdo e acesso às informações digitais no ambiente web da internet.

Antes de iniciar o preenchimento do formulário você deve indicar qual dos *websites relacionados aos surdos e à surdez* a seguir irá utilizar como referência para suas observações, assinalando com um X.

	www.surdosol.com.br
	www.ines.org.br
	www.diariodosurdo.com.br
	www.surdo.com.br
	www.feneis.org.br
	www.ok.pro.br

No formuário a seguir, você deve assinalar a alternativa que corresponde a sua percepção e interação com o website, indicando a alternativa com X. A alternativa NÃO APLICÁVEL deve ser assinalada quando o elemento descrito não for encontrado na página analisada.

Na *Questão 2*, você tem um espaço aberto para escrever suas sugestões e comentários sobre este questionário.

Caso encontre alguma dúvida no preenchimento do questionário, solicite auxílio da pesquisadora. Se julgar necessário, peça a interpretação em Língua Brasileira de Sinais – Libras.

É muito importante que você responda a todas as questões.

1. Marque CADA FRASE com um X no número que indica o quanto você está satisfeito com o website relacionado aos surdos e/ou à surdez indicado.

	TOTALMENTE INSATISFEITO	INSATISFEITO	INDIFERENTE	SATISFEITO	TOTALMENTE SATISFEITO	NÃO APLICÁVEL
A página inicial apresenta o objetivo do site de forma clara e rápida.	1	2	3	4	5	6
Pela primeira página identifico que o site é para surdos e/ou refere-se à surdez.	1	2	3	4	5	6
Apresentação dos ícones em língua de sinais e português escrito juntos.	1	2	3	4	5	6
Uso legendas em português escrito na apresentação de conteúdos em vídeos.	1	2	3	4	5	6
Alternativa para escolher o tamanho da fonte/letra do texto escrito.	1	2	3	4	5	6
Alternativa para alterar as cores/contrastes de cores da página.	1	2	3	4	5	6
Clareza dos textos escritos para surdos.	1	2	3	4	5	6
Conteúdos úteis aos surdos.	1	2	3	4	5	6
Facilidade de retorno à página principal.	1	2	3	4	5	6
Player Rybená no auxílio à leitura dos textos escritos por meio da Libras.	1	2	3	4	5	6
Ajuste do tamanho da tela para visualizar os conteúdos.	1	2	3	4	5	6
Ferramentas de controle de tempo da apresentação da informação (parar, voltar etc.).	1	2	3	4	5	6
As informações encontradas no site atendem a suas necessidades.	1	2	3	4	5	6
Facilidade no uso de serviço de busca por informações no site.	1	2	3	4	5	6
Apresentação das informações em Libras.	1	2	3	4	5	6
Presença do SignWriting na apresentação do contéudo e ícones.	1	2	3	4	5	6

2. Deixe aqui suas sugestões e comentários sobre este questionário.

_____

_____

_____

_____

_____

Obrigada por sua participação!

JULIANE ADNE MESA CORRADI
Pesquisadora
SILVANA A. B. G. VIDOTTI
Orientadora

Programa de Pós-Graduação em Ciência da Informação
Departamento de Ciência da Informação
Universidade Estadual Paulista
Faculdade de Filosofia e Ciências
Campus de Marília-SP

_____

Dúvidas e comentários podem ser enviados para:
Endereço postal: Unesp – Universidade Estadual Paulista
Programa de Pós-Graduação em Ciência da Informação
Av. Hygino Muzzi Filho, 737 – *Campus* Universitário
CEP 17.525-900, Marília-SP
A/C Juliane Adne Mesa Corradi
Endereço eletrônico: julianeci@marilia.unesp.br

Termo de consentimento livre e esclarecido

Acessibilidade em ambientes informacionais digitais inclusivos
Dissertação de mestrado – Universidade Estadual Paulista – Marília-SP

Juliane Adne Mesa Corradi; Silvana Aparecida Borsetti Gregório Vidotti
Programa de Pós-Graduação em Ciência da Informação/Unesp/FFC – Marília-SP

Com foco na filosofia bilíngue da surdez, pretende-se com esta pesquisa identificar os elementos de acessibilidade digital que possam promover condições de acesso a minorias surdas em ambientes digitais. Espera-se que os frutos deste trabalho contribuam para a inserção de usuários surdos, em especial, de forma autônoma e independente, ao ambientes digitais por meio de interfaces acessíveis a diversidade de usuários.

Para atingirmos nosso objetivo, precisamos de sua participação no preenchimento de questionários que contêm elementos importantes para a investigação sobre acessibilidade e usabilidade em ambientes web.

Participar desta pesquisa é uma opção totalmente voluntária, o que implica sua liberdade para participar ou não, podendo desistir a qualquer momento. Se o participante for menor, o responsável deverá ser esclarecido sobre os procedimentos éticos da pesquisa. A autorização para a participação daquele se efetivará mediante assinatura do presente termo pelo responsável.

Destacamos que os resultados da pesquisa serão divulgados em eventos acadêmicos e na publicação da dissertação de mestrado em Ciência da Informação. Diante do uso de imagens dos participantes, não haverá identificação destes. O questionário não terá identificação de nome e endereço do participante, na pretensão de preservar sua identidade e anonimato. Todas as respostas cedidas não estarão diretamente relacionadas a sua integridade pessoal.

Certos de poder contar com sua colaboração, colocamo-nos à disposição para esclarecimentos e maiores informações que precisar. O participante poderá entrar em contato com a autora/pesquisadora, Juliane, na Universidade Estadual Paulista, Faculdade de Filosofia e Ciências, enviando e-mail para o endereço julianeci@marilia.unesp.br. Compreendo o que foi explicado e concordo em participar.

_____, ____ de _____ de 20 ____

_____   _____
Assinatura do responsável   Assinatura do participante

Nome do responsável: _____ RG: _____
Nome do participante: _____ DN: _____

SOBRE O LIVRO
Formato: 14 x 21 cm
Mancha: 23,7 x 42,5 paicas
Tipologia: Horley Old Style 10,5/14
Papel: Off-set 75 g/m² (miolo)
Cartão Supremo 250 g/m² (capa)
1ª edição: 2011

EQUIPE DE REALIZAÇÃO

Coordenação Geral
Marcos Keith Takahashi

Impressão e acabamento